专职安全员必读

交通运输部工程质量监督局 编

序

　　《公路水运工程"平安工地"建设口袋丛书》正式出版了。这套丛书集中介绍了工程建设安全生产的有关要素。

　　安全是什么？不同的人有不同的理解，答案也不尽相同。其实每个人潜意识里都在追求安全，它是个人的健康，是家庭的幸福，是企业的生命，是社会的和谐，更是一种对亲人、对企业、对社会负责而珍爱生命的人生态度。

　　交通基础设施建设面临着建设规模庞大、工作环境艰苦、施工条件恶劣、施工作业困难，安全生产风险始终居高不下。一直以来，各级交通运输主管部门高度重视施工安全生产，认真践行"以人为本，关爱生命"的安全理念，积极落实科学发展观的要求，不断加大行业监管力度，组织开展了"平安工地"建设活动。近年来，交通行业施工安全形势总体稳定，"平安工地"建设取得了较好成效。

实践证明，良好的安全行为、安全意识在于教育，在于培养。只有进一步加强安全教育，充分发挥现场专职安全员的作用，全面加强一线工人的安全意识、操作技能和自救能力，才能牵住安全生产"双基"工作的"牛鼻子"。为此，部工程质量监督局组织安徽等地的业内专家与学者编写了安全生产口袋丛书，用浅显易懂的语言和形象生动的漫画，再现交通建设工程施工场景，普及最基本的安全常识，介绍最基础的作业要点。口袋书具有较强的可读性、实用性，希望能够成为交通基础设施建设从业者在安全生产工作中的好帮手。

安全在你手中，让我们一起努力，共创平安工地，为交通建设发展添砖加瓦。

交通运输部副部长

编者的话

专职安全员同志:

你好!

作为施工单位最基层的安全管理人员,你肩负着维护现场施工安全的重大责任。正是你把工友当作亲兄弟的感情,让你时刻关注着每一名工友上班时的情绪和状态,提高了他们安全自保互保的意识和技能;也正是你不厌其烦的"婆婆嘴",筑牢了施工现场安全最重要的第一道防线。

为帮助专职安全员更好地提高自身安全意识、管理水平与安全技术水平,结合开展"平安工地"建设活动,我们组织编写了这本图文并茂、通俗易懂、便于携带的《公路水运工程"平安工地"建设口袋丛书——专职安全员必读》。本书主要介绍了专职安全员工作职责、安全管理的基本原则、劳动者的权利与责任、施工现场安全生产管理要点、施工现场作业"十项"禁令、事故报告有关规定、事故避险与急救、相关法律法规摘录、常用材料密度等方面内容,以供参阅。

只要你坚持做到多检查、多留神、多提醒,在易发事故地点或重点危险岗位尽可能地给工友多一点查看,多一些提醒,多一项措施,工友们就多一些警惕,多一些防护,多一份安全!

编写委员会

主任委员 李彦武
副主任委员 黄 勇 罗 宁
编 委 陈 萍 罗海峰 桂志敬 何 光
　　　　　 殷治宁 马贤贵 张有超 汪 慧
　　　　　 张征宇 尤晓昕

审定委员会

主 审 黄 勇
审查人员 桂志敬 栾建平 彭东岭 楼重华
　　　　　 黄淞文 王 辉 李庆伟

目录

1 专职安全员工作职责 …………………………1

2 安全管理的基本原则 …………………………3

3 劳动者的权利与责任 …………………………5

4 今天我在岗 ………………… 11

5 施工现场安全生产管理要点 …………… 13

6 施工现场作业"十项"禁令 …………115

Contents

7 事故报告有关规定 ················· 129

8 事故避险与急救 ··················· 135

9 相关法律法规 ····················· 143

10 常用材料密度 ···················· 156

11 平安卡片 ························ 158

1
专职安全员工作职责

专职安全员必读

❶ 积极宣传安全生产的方针政策,认真执行各项安全管理制度。

❷ 认真落实安全生产责任制,督促一线施工人员严格按照安全操作规程作业。

❸ 参与安全技术交底会,检查班前会并做好记录,建立与完善安全教育培训档案。

❹ 执行安全生产经费计划,检查经费使用情况。

❺ 督促检查机械设备登记、使用、保养与维修情况,协助办理特种设备使用验收手续。

❻ 检查施工现场安全防护与安全设施。

❼ 检查安全技术措施的落实,对危险性较大工程重点巡视。

❽ 负责现场危险源的辨识及预警工作。

❾ 排查安全隐患,督促隐患整改;发现严重隐患立即责令停工并及时报告。

❿ 认真做好安全生产每日巡查,记好安全日志,做好安全台账,负责资料归档。

2 安全管理的基本原则

❶ **人身安全第一原则**。以人为本是科学发展的核心,"国家尊重和保障人权"已经载入我国宪法。我们的每一项工作,都是为人民服务,人民的利益高于一切。

❷ **预防与控制原则**。从工程技术、教育培训和安全管理等方面入手,采取相应对策,对隐患源排查与整治,使事故不发生或事故发生后造成的损失尽可能减少。

❸ **"四不放过"原则**。调查和处理安全生产事故时,必须坚持事故原因分析不清不放过,事故责任者和群众没有受到教育不放过,没有采取切实可行的防范措施不放过,事故责任者没有受到严肃处理不放过。

3

劳动者的权利与责任

3.1 劳动安全纪律

❶自觉遵守安全生产制度,上岗、转岗前,必须参加安全培训。

❷正确佩戴和使用劳动防护用品。

❸特殊工种人员,必须持证上岗。

❹认真参加班前会教育,作业中听从现场专人的指挥。

❺生病不作业,疲劳不作业,酒后不作业。

❻非专业人员严禁擅自接电、违规用火,不熟

悉作业区禁入。

❼严禁高空抛物，稳妥安放机电、机具和使用工具。

❽遵守驻地及个人卫生制度，不食用过期、霉变及有毒食品。

3.2 劳动安全权利

❶享有签订劳动合同、获得意外伤害保险的权利。

❷享有休息休假、接受职业技能和岗前安全生产教育与培训的权利。

❸享有获得符合标准的劳动保护用品的权利。

❹享有了解施工现场和工作岗位存在危险因素以及防范措施的权利。

❺享有对违章指挥和强令冒险作业的拒绝权利。

❻享有对安全生产工作的建议权和安全生产工

作提出批评、检举、控告的权利。

❼享有作业中发生危及人身安全紧急情况时,立即停止作业或在采取必要措施后撤离危险区域的权利。

❽享有因工受伤获得及时救治和工伤保险待遇的权利。

3.3 劳动安全责任

❶负有履行劳动合同、遵守劳动纪律的责任。

❷负有接受岗前安全生产教育和培训、掌握安全操作技能的责任。

❸负有规范佩戴和使用劳动保护用品、保护现场安全防护设施的责任。

操作机具作业、用电作业时,必须戴好防护(绝缘)手套。

❹负有不伤害自己、不伤害别人和不被别人伤害的责任。

❺负有服从正确管理、遵守安全规程、不违章作业的责任。

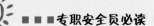

❻负有听从他人合理建议、及时纠正错误、接受管理人员及相关部门批评劝告的责任。

❼负有施工中发生危及人身安全的紧急情况时及时避险、及时报告的责任。

❽负有发生事故后吸取事故教训、改正不良习惯的责任。

4

今天我在岗

❶ 提前15分钟早准备，参加15分钟班前会，危险工序要旁站，推迟15分钟再查看。

❷ 一查劳保用品是否戴，二查班前会议是否开，三查现场危险是否有，四查发现隐患是否改。

❸ 安全内业很重要，工作日志要记好，技术交底要落实，预案预警不可少。

5 施工现场安全生产管理要点

5.1 通用作业

一、施工测量

❶主要危险源：高处坠落，物体打击，车辆伤害，淹溺，触电。

❷管理要点

◎测量人员在高压线附近工作时，必须保持足够的安全距离。在陡坡及危险地段测量应系安全带，穿防滑鞋。水上测量人员应穿好救生衣。

◎在桥墩上测量时，应有上下桥墩及防止人体坠落的安全措施。

◎水上施工测量平台应稳固可靠，作业时应派交通船守护。

◎使用磁力仪、浅层剖面仪、声纳等水下测量设备作业，应按规定在测量船的明显处设置号灯或号型。收放尾灯电缆时，应停车并关闭电源。

施工现场安全生产管理要点

二、临时用电

① 主要危险源：触电。

② 管理要点

◎工程项目开始前必须编制施工临时用电方案。电气作业人员必须持证上岗。

◎电气设备的维修，应停电作业，并悬挂"禁止合闸，有人工作"的停电标志牌。

◎采用TN-S系统，符合"三级配电二级保护"，达到"一机一闸一漏一箱"要求。

◎配电室不低于3m，配电柜上部距离棚顶不小于0.5m，配电室内应设置灭火器材。

◎主输电线路采用"三相五线制"时，必须采用五芯电缆。电缆线路应采用埋地或架空敷设，严禁沿地面明设，并应避免机械损伤和介质腐蚀，埋地电缆路径应设方位标志。

◎配电箱可以分若干分路，动力和照明必须分路配电，动力开关箱与照明开关箱必须分箱设置，严禁一箱多用；配电箱和开关箱的电源进线端，严禁采用插头和插座做活动连接。

◎不得在外电架空线路正下方施工、搭设作业棚、建设生活设施或堆放构件、架具、材料及其他杂物等。

①在带电设备附近搭、拆支架脚手架时，宜停电作业。在外电架空线路附近作业时，支架脚手架外侧边缘与外电架空线路的边线之间的最小安全操作距离应符合下表的规定。

最小安全操作距离

外电线路电压 （kV）	<1	1～10	35～110	154～220	330～500
最小安全距离 （m）	4	6	8	10	15

②施工现场道路与外电架空线路交叉时，架空线路的最低点与路面的最小垂直安全距离应符合下表的规定。

最小垂直安全距离

外电线路电压 （kV）	<1	1～10	35
最小安全距离 （m）	6.0	7.0	7.0

③起重机不得靠近架空输电线路作业。起重机的任何部位与架空输电导线的安全距离不得小于下表的规定。

沿垂直与水平方向最小安全距离

外电线路电压(kV)	<1	10	35	110	220	330	500
沿垂直方向最小安全距离(m)	1.5	3.0	4.0	5.0	6.0	7.0	8.5
沿水平方向最小安全距离(m)	1.5	2.0	3.5	4.0	6.0	7.0	8.5

◎接地与防雷

①PE线必须连续设置。保护零线必须在配电室作重复接地，还必须在配电系统中间和末端处作重复接地，每一处接地电阻值应小于10Ω。

②机械上的电器设备做防雷接地，所连接的PE线必须同时做重复接地，同一台机械电器设备的重复接地和机械的防雷接地可共用同一接地体，但接地电阻应符合重复接地电阻值的要求。

③动力与照明线路应分开，在特别潮湿的作业环境、导电良好的地面、锅炉或金属容器内工作的

临时照明，其电源电压应小于36V。

三、模板

❶主要危险源：模板垮塌，物体打击，高处坠落。

❷管理要点

◎模板堆放处场地应做好地基处理。模板码放高度不宜超过2m，圆弧形模板不宜多层堆放。

◎模板作业场地应远离高压线。

◎模板的安装应遵守下列规定：

①支模架所选用的钢管严禁使用变形、断裂、脱焊、螺栓松动或其他影响使用性能的材料。

②地面上的支模场地必须平整夯实，模板立柱支撑应加设垫板。

③模板工程作业高度在2m及以上时，必须设置安全防护设施。

④模板的立柱顶撑必须设牢固的拉杆，不得与不牢靠或临时物件相连。

⑤组装立柱模板时,四周必须设牢固支撑。立柱模板架设完成时应设缆风绳固定。支设独立梁模时,应搭设临时操作平台。

作业面的脚手板务必要满铺、绑牢。

◎模板拆除顺序与方法

①应按照先支后拆、后支先拆的顺序;先拆非

承重模板,后拆承重的模板及支撑。

②拆模作业时,作业区周边必须设警戒区,进行专人值守,严禁人员进入。

③严禁用吊车直接吊除没有撬松动的模板。

④高处拆下的材料,严禁向下抛掷。3m以上的模板拆除应用起吊设备缓慢送下。

⑤在基坑或围堰模板施工时,应先检查有无塌方现象,确认无误后,方可操作。

四、支架与脚手架

❶ 主要危险源:支架垮塌,高处坠落,物体打击,机械伤害,触电。

❷ 管理要点

◎支架脚手架必须严格按程序专项设计、安全验算、审批、实施,所用的钢管、扣件、脚手板等构配件规格必须符合国家标准和行业标准方可使用。

◎支架脚手架必须按批准的安全施工方案进行地基处理,地基承载力须经试验合格。

◎作为承重工程的支架脚手架须进行预压，符合要求方可投入使用。

◎非预应力结构的承重支架，必须在混凝土达到规定的强度要求方可卸落；预应力结构的承重支架，必须在张拉、压浆后压浆强度达到要求方可卸落。

◎支架脚手架周围必须设置防撞围挡；支架与道路交叉时，必须按规定净空设置车（人）行通道，并做好防撞墩，设置发光和反光警示标志，交通量较大时，安排专人道路交通管制。

◎支架脚手架的作业人员必须按规定佩戴安全帽和安全带。

◎立杆的基础必须平整、密实，并符合架体承载力的要求；立杆下按要求加垫专用的钢板底座，或垫上厚度不小于5cm、宽度不小于20cm、长度不小于2根立杆间距的木板。

◎脚手架应做好稳定性检查，在雨雪等恶劣天气后和临近便道处的支架，加强其变形观测。

◎支架脚手架按要求设置剪刀撑与横向斜撑，

每道剪刀撑跨越4~6根立杆，且不小于6m，斜杆与地面的倾角在45°~60°之间。

◎支架脚手架搭设高于在建结构物顶部时，里排立杆要低于沿口4~5cm，外排立杆高出沿口不低于1.2m，搭设两道护身栏，并挂密目安全网。

◎脚手架搭设高于在建结构物顶部时，敷设的安全设施应经常检查，确保操作人员、小型机具安全通行。

◎支立排架时，不得与便桥或脚手架相连，防止排架失稳。

◎拆除脚手架，应设置护栏或警戒标志，并应自上而下拆除，不得上下双层作业。严禁随意抛掷脚手杆与板。

五、钢筋加工

❶ **主要危险源：机械伤害，物体打击，触电。**

❷ **管理要点**

◎钢筋施工场地要满足作业需要，机械设备的安装要牢固、稳定,作业前要对机械设备进行检查并记录。

◎钢筋切断机作业中,严禁用手直接清除切刀附近的断头和杂物。钢筋摆动周围和切刀附近,非操作人员不得停留。

◎钢筋弯曲机作业中,严禁进行更换芯轴、销子,严禁变换角度或调速等作业,亦不得加油或清扫。

◎严禁在弯曲钢筋的作业半径内和机身不设固定销的一侧站人。

◎钢筋调直及冷拉作业中,应设置防护挡板,非作业人员不得进入现场。

六、焊接

①主要危险源:烫伤,火灾,触电。

②管理要点

◎电焊机应设置单独的开关箱,电焊工作业时,操作人员应穿戴防护用品,施焊完毕,拉闸上锁。雨雪天应停止露天作业。

施工现场安全生产管理要点

◎在潮湿地点作业,电焊机应放在木板上,操作人员应站在绝缘胶板上或木板上作业。不得用钢丝绳、各种管道、金属构件等作为接地线。

◎严禁在带压力的容器和管道上施焊。焊接带电设备时,必须先切断电源。

◎贮存过易燃、易爆、有毒物品的容器或管道,焊接前必须清洗干净,将所有孔口打开,保持空气流通。

◎氧气瓶、乙炔发生器受热不得超过35℃,之间距离5m以上,与明火之间距离不得小于10m,且应防止火花和锋利物件碰撞胶管。

◎乙炔气管用后需清除管内积水。胶管回火的安全装置结冻时应用热水溶化,不得用明火烧烤。

◎乙炔气瓶内气体严禁用尽,必须留有不低于下表规定的剩余压力。

剩余压力与环境温度关系

环境温度(℃)	<0	0~15	15~25	25~40
剩余压力(MPa)	0.05	0.1	0.2	0.3

◎交流电焊机应安装二次空载降压保护器。

七、混凝土生产与运输

①主要危险源：物体打击，车辆伤害，触电。

②管理要点

◎搅拌站电气设备与线路应绝缘良好，拌和机等机械设备的转动部分必须设有防护装置。高大的搅拌站应设置避雷装置，多风地区应设置缆风绳。

◎发电机组应设置机房内，并应设接地保护，接地电阻不得大于4Ω。施工用的发电机电源应与外电线路电源联锁，严禁并列运行。

◎搅拌机料仓检修时，应停机检修。修理或进入料仓内清理叶片时，必须先切断电源，电源边设专人看护或开关箱上锁，并挂牌注明"仓内有人操作，切勿合闸"。

◎有紧急停车装置的拌和设备，在设备和人员发生险情时，应立即启用紧急停车装置。

◎混凝土泵送过程中要远离高压线路。任何人

施工现场安全生产管理要点

不得接近泵车的布料杆下的危险区域。

◎五级以上大风时,泵车不得使用布料杆作业。

◎混凝土泵应设置在作业棚内,安装应稳定、牢固。拆卸管路接头前,应排除管内剩余压力,防止管内存有压力而引起事故。

◎轨道平车运输

①大型预制构件运输应设专人指挥。

②铺设钢轨时轨道曲线半径不得小于25m,纵坡不宜大于2%。

③构件运输时,下坡应以溜绳控制速度,止轮木块跟随前进。当纵坡坡度较大时,必须有相应的安全措施,方可运输。

◎平板拖车运输

①大型预制构件平板拖车运输,时速宜控制在5km/h以内。简支梁的运输,除在横向加斜撑防倾覆外,平板车上的搁置点必须设有转盘。梁体重心与运输工具的中心应重合。

②运输超高、超宽与超长构件时,牵引车上应

悬挂安全标志。超高的部件应有专人照看。

③在雨、雪、雾天通过陡坡时,必须提前采取有效措施。

八、起重吊装

①主要危险源: 物体打击,起重伤害,高处坠落,触电。

②管理要点

◎起重吊装作业现场应悬挂操作规程牌、高处作业注意事项、"十不吊"等警示牌。作业前后要对各种制动装置、限位装置、限制器、焊接件、钢丝绳及各种吊件进行全面检查。

◎吊装作业前,应指派专人统一指挥,信号统一;操作人员严格按照规程作业,持证上岗。

◎遇六级以上大风,应禁止起重吊装作业。

◎夜间起重吊装作业,必须设置足够的照明。

◎钢丝绳应定期检验,吊装前应检查钢丝绳的断丝情况,严禁使用明显断丝的钢丝绳。

◎地锚要牢固，缆风绳不得绑扎在电杆或其他不稳固的物件上。

◎轮胎式起重机和履带式起重机应注意：

①起重机作业地面应坚实平整，支脚必须支垫牢靠，回转半径内不得有障碍物；两台或多台起重机吊运同一重物时，各台起重机不得超过各自额定80%的起重能力。

②严禁作业人员随构件一起升降；严禁起吊作业范围内有人员随意走动。

◎在高处进行顶升作业的千斤顶,应有防止其坠落的措施。

◎龙门吊机天车应设有轨道终端限位装置,天车的轨道终端也应设有终端止轮器。吊机电路铺设采用电缆滑索,滑索应平直,电缆与金属骨架接触处应采用护套包裹,防止振动产生的磨损导致漏电。吊机的机房内和操作室应设有紧急开关,以便在紧急情况出现时断电停车。吊机应设有可靠的避雷装置和接地保护。

九、高处作业

❶主要危险源:高处坠落,物体打击。

❷管理要点

◎高处作业必须设置人员上下专用通道。根据工程实际,8m以下高处作业,设置防护斜梯;8m以上高处作业,设置"之"字形人行斜梯;40m以上高处作业,宜安装附着式电梯。

◎各种升降电梯、吊笼等升降设备,必须有可靠的安全装置；严禁使用各种起重机械进行吊人。

◎高处作业必须设置防护栏杆、密目式安全网及安全平网；夜间施工必须配备足够的照明设施、发光警示标志。

◎作业高度超过20m时，必须设置避雷设施。

◎高处作业应设置联系信号或通讯装置，并由专人负责。

◎六级以上大风或雷电、大雨、大雾、大雪等气候条件下应停止施工。

◎拆除作业严禁立体交叉作业,水平作业时作业人员间应有一定的安全距离。

十、拆除作业

❶主要危险源: 建筑物倒塌,高处坠落;爆炸。

❷管理要点

◎建筑物拆除应采用自上而下、逐层分段,先拆非承重部分后拆承重部分,采用先水上后水下的拆除方法。

◎建筑物拆除施工严禁采取上下立体交叉作业的施工方法。水平作业的各工位间距必须保持足够的安全距离。

◎拆除施工必须监测被拆除建筑物的位移变化,当发现有不稳定的趋势时,必须停止拆除作业。

◎水上建筑物拆除应搭设水上工作平台或使用浮动设施进行拆除作业。作业人员不得站在有危险的被拆除构件上作业。

◎雾、雨、雪天或风力大于等于六级的天气，应停止露天拆除作业。

◎爆破拆除前进行的预拆除施工，不得拆除影响结构稳定的构件。

◎拆除工程应划定危险区域，在周围设置围栏，做好警戒和警示标志，并派专人监护。

十一、水上作业

❶ 主要危险源：水上交通事故，淹溺。

❷ 管理要点

◎临时栈道、围堰临水的边缘，应有防坠落的安全防护设施和警示标志。

◎运输船只在水上配合高空起吊作业时，要做好防护工作。水上作业的航道段，白天应有警示浮标，夜间应有警示灯。

◎水上作业船舶如遇大风、大浪、雾天且超过船舶抗风浪等级或能见度不良时，应停止作业。

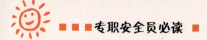

◎在水上作业的人员必须穿戴救生衣,各施工作业点和交通船上必须配备足够的救生设备和救生衣。

◎水上起重作业时,必须将起重机械设备与船体固定。

十二、潜水作业

❶主要危险源:淹溺。

❷管理要点

◎下潜深度应符合规定。作业条件困难时,应在现场另备一套潜水装备,并指派一名预备潜水员，以便在必要时下水协助和救援。

◎潜水员在未得到充分休息时，不得作业。潜水员在水下作业时，严禁有任务以外的其他作业、在打捞物件内穿行、在水中悬吊物体上工作或在悬吊物体下穿行。

◎夜间进行潜水作业时，作业船上必须配备足够的照明灯具。

十三、雨季施工

❶主要危险源： 山洪，泥石流，触电，雷击。

❷管理要点

◎雨后如果发现边坡有裂缝、疏松、支撑结构倾斜变形、移位等危险征兆，应立即采取措施。

◎雨季施工中遇到气候突变、发生暴雨等紧急情况，应停止土石方机械作业。

◎雷雨天气不得露天电力爆破土石方，如中途遇到雷电时，应迅速将雷管的脚线、电线主线两端连成短路。

◎遇到大雨、大雾、高温、雷击和六级以上大风等恶劣天气，应停止脚手架的搭设和拆除作业。

◎外露电器应注意防雨防潮。电石、乙炔气瓶、氧气瓶等应在库内或棚内分区存放。

◎雷雨天气时，作业人员应远离塔式起重机、拌和楼、物料提升机、外用电梯等高大机械设备。严禁人员在其附近避雨或停留。

十四、冬季施工

1 主要危险源：机械失稳，高处坠落，煤气中毒，火灾。

2 管理要点

◎各类机械作业应采取防护措施。

◎脚手架、便道要有防滑措施，及时清理积雪，脚手架应经常检查加固。

◎现场使用的锅炉、火坑等用焦炭时，应有通风条件，防止煤气中毒。

施工现场安全生产管理要点

◎大雪、轨道电缆结冰和六级以上大风等恶劣天气,应停止垂直运输作业。

◎加强冬季施工防火安全教育。重点注意锅炉、露天易燃的材料堆场、料库等。

十五、夜间施工

❶主要危险源:高处坠落,机械伤害。

❷管理要点

◎施工驻地须设置路灯。

◎大型桥梁攀登扶梯处应有照明灯。

◎船只停靠的码头应有照明灯。

◎施工中临时工程应有围栏,并悬挂红灯示警标志。

十六、锅炉操作

❶主要危险源:烟气中毒,锅炉爆炸,蒸气烫伤。

❷管理要点

锅炉应单独建造锅炉房。锅炉房如与生产厂房相连时，应用防火墙隔开，其锅炉的容量应符合有关规定的要求。

十七、防火

❶ 主要危险源：火灾。

❷ 管理要点

◎可燃材料堆放区距离施工区、生活区不得小于25m。

◎施工现场应按规定设置消费器材，并设有明显标志，夜间设红色警示灯。

◎在电气设备和线路周围，不能堆放易燃易爆物品和腐蚀介质。

◎在高压线下禁止搭建暂时建筑和堆放易燃、可燃物品。

◎严禁在电气设备周围使用火源。在变压器、发电机等场所严禁烟火。

十八、油库

❶主要危险源：火灾，爆炸。

❷管理要点

◎油库应严格制定安全管理制度、用火管理制度、外来人员登记制度。

◎油罐应按设计规定装油，不得混装。夏天露天装轻质油料的油罐应有降温措施，周围应采用围墙或通透式围栏进行隔离。

◎油库应划分消防区域，制定明确的报警信号，制定消防预案，配置消防工具和器材，并定期检查维护。

◎油罐区内禁止存放危险品、爆炸品和其他易燃物。

十九、交通管制

❶主要危险源：车辆伤害，物体打击。

❷管理要点

◎施工现场急弯和陡坡地段应设置明显的交通标志,与铁路交叉处应有专人看管,并设置信号装置和落杆。

◎靠近河流和陡坡处的道路,应设置护栏和明显的警告标志。

◎在边通车边施工地段,作业人员应在红白相间隔离栅或围挡内进行作业。

◎便道处于傍山时,易发生危石坠落,滑坡、塌方等路段需专人值守。

◎便桥必须牢固可靠,桥面满铺木板,通过便桥的电线、电缆必须绝缘良好,并固定在桥的一侧。

◎临时码头的附属设施(如跳板、支撑、船环、柱桩等)应牢固可靠。

5.2 路基工程

一、清理现场

❶主要危险源:(建筑物)倒塌,物体打击,火灾。

❷管理要点

◎在伐树范围周边应设置警戒,非工作人员不得在范围内逗留或接近警戒区。严禁放火焚烧树木、丛草和杂物。

◎用推土机伐除大树或清除残墙断壁时,应提高着力点,防止其上部反向倒下。

◎大风、大雾和雨天不得进行伐树作业。

◎拆除作业前,应将与拆除物相连通的电线、水、气管道切断,并在四周危险区域设置安全护栏,配以必要的警告标志,设置夜间警示灯,非工作人员不得进入。

◎拆除工序应由上而下，先外后里进行，严禁数层同时作业。

◎拆除梁、柱之前，应先拆除其承托的全部结构物，严禁采用掏空、挖切和大面积推倒的拆除方法。

◎在高处进行拆除工程时，对拆下材料应用吊绳或者起重机及时吊下或运走，禁止向下抛掷。

二、土方工程

❶主要危险源：边坡坍塌，机械伤害，交通事故。

❷管理要点

◎开挖土方的操作人员，必须保持足够的安全距离；横向间距不小于2m，纵向间距不小于3m。

◎取土坑四周应设围挡设施、危险警示标志，坑壁应放坡，坡率不陡于1：0.75，坑深超过3m，应分级放坡。

◎基坑开挖应做好临边防护、放坡或支挡工

作，设置警示标志。土方开挖必须自上而下顺序放坡，严禁采用挖空底脚的操作方法。

◎机械在危险地段作业时，必须设置明显的警告标志，并有专人进行指挥。

◎高陡边坡处施工作业人员必须绑系安全带，且必须挂牢。高边坡必须分级开挖分级防护，设置警示标志，严禁多级坡同时立体交叉作业。配备专职人员对边坡进行监视，防止上部塌方和物体坠落。

◎发现山体滑动、崩塌迹象时，必须暂停施工，撤出人员和机具，并向上级报告。

◎滑坡地段及其挡墙基槽开挖作业，应从滑坡体两侧向中部自上而下进行，严禁全面拉槽开挖。

◎沟槽（坑）回填时，必须在构筑物两侧对称回填夯实。

◎运输车辆应限速40km/h，有专人指挥倒土。

◎生石灰消解池应设围挡，设立警示标志。

三、石方工程

❶ 主要危险源：机械伤害，爆炸。

❷ 管理要点

◎爆破施工应制定爆破施工专项安全方案，建立火工用品管理制度、炸药库管理制度。炸药库的建设需经公安部门验收。爆破器材实行实报实销制；爆破器材应由专人领取，严禁存放或带入宿舍。炸药与雷管严禁由一人同时搬运。应配备防爆箱运送炸药和雷管。

施工现场安全生产管理要点

◎制作起炸药包（柱），应在专设的加工房或爆破现场专用棚内进行。棚内不准有电气、金属设备，无关人员不得入内。

◎选择炮位时，炮眼口应避开正对电线、路口和构造物。凿打炮眼时，坡面上的浮土和危石应予以清除，严禁残眼打孔；严禁雷电期间使用电起爆。超过5m的深孔不得使用导火索起爆。

◎已装药的炮孔必须当班爆破，装填的炮孔数量应以一次爆破的作业量为限。

◎爆破工作由专人指挥，设警戒区及明显警告标志，派设警戒人员。预告、起爆、解除警戒等信号应有明确的规定。导火索点燃后，人员应迅速远离。严禁采用先点燃导火索再将药柱抛入孔底的危险操作方法。

◎爆破后撬动岩石必须由上而下逐层撬落，严禁上下双重作业，不得将下面撬空使其上部自然塌落。

◎爆破后，检查人员必须对"盲炮"、"哑炮"及可疑现象进行检查和排除后，方可解除警戒。

◎滚石危及范围内的道路设警告标志。

◎爆破时,个别飞散物对人员的安全距离不得小于下表的规定。

飞散物的最小安全距离

爆破类型及方法	个别飞散物的最小安全距离(m)
1.破碎大块岩矿	
裸露药包爆破法	400
浅眼爆破法	300
2.浅眼爆破法	200(复杂地质条件下未修成台阶工作面时不少于300)
3.浅眼药壶爆破	300
4.深孔爆破	按设计,但不小于200
5.深孔药壶爆破	按设计,但不小于300
6.浅眼眼底扩壶	50
7.深眼孔孔扩壶	50
8.洞室爆破	按设计,但不小于300

四、防护施工

❶主要危险源:高处坠落,物体打击。

❷管理要点

◎边坡防护作业，注意脚手架必须落地，严禁采用支挑悬空脚手架。

◎砌石作业必须自下而上进行，抹面、勾缝作业必须先上后下。挡墙砌筑时，墙下严禁站人。架上作业时，架下不准有人操作或停留。

◎砌石工程石料改小，不得在脚手架上进行。

5.3 路面工程

一、混合料拌和

❶主要危险源： 高温烫伤，机械伤害，车辆伤害。

❷管理要点

◎远红外加热沥青时，使用前应确保机电设备和短路过载保护装置是否良好；用柴油清洗沥青泵及管道前必须关闭有关阀门，严防柴油流入油锅。

◎导热油加热沥青时，加热锅炉使用前必须进行耐压试验，水压力应不低于额定工作压力的2倍。

◎沥青混合料拌和站的各种机电设备在运转前

均需由机工、电工、电脑操作人员进行仔细检查。

◎运转中严禁非作业人员靠近各种运转机构。

◎搅拌机运行中,不得使用工具伸入滚筒内掏挖或清理;需要清理时,必须停机。如需人员进入搅拌鼓内工作时,鼓外要有人监护。

◎料斗升起时,严禁有人在斗下工作或通过;检查料斗时,应将保险链挂好。

二、沥青混合料摊铺作业

❶ 主要危险源:高温烫伤,机械伤害,车辆伤害。

❷ 管理要点

◎施工现场应安排专人指挥施工现场交通秩序和摊铺作业。

◎施工作业区两端,应设置明显路栏,夜间路栏上设置施工标志灯或反光标志。

◎压实机械应安装倒车雷达设备。

◎施工区域应实行交通管制,严禁非施工车辆及人员进入。

◎半幅通车路段,车辆出入前方设置指示方向和减速慢行标志。半幅施工区与行车道之间设置红白相间的隔离栅。

◎路面摊铺设备暂时停放,周围必须封闭,并设置警示标志(夜间须有发光或反光装置)和防护设施。

◎沥青混凝土路面摊铺现场应配备急救箱,防止烫伤、中暑、中毒。

三、水泥混合料摊铺作业

❶ 主要危险源:机械伤害,车辆伤害。

❷管理要点

◎水泥混凝土轨道式摊铺机作业安全要点：

①布料机与振平机组间应保持5~8m的距离。

②不得将刮板置于运动方向垂直的位置，不得借助整机的惯性冲击料堆。

◎水泥混凝土滑模式摊铺机作业安全要点：

①调整机器的高度时，工作踏板、扶梯等处禁止站人。

②下坡时，禁止快速行驶和空挡滑行，牵引制动装置必须置于制动状态。

③禁止用摊铺机牵引其他机械。

④夜间施工，滑模摊铺机上应有足够照明和警示标志。

⑤滑模摊铺机停放在通车道路上时，周围应设置明显的安全标志，夜间应用红灯示警。

5.4 桥涵工程

一、一般安全要求

◎桥涵工程施工中,应避免双层或多层同时作业。当无法避免时,应设防护棚、防护网、防撞设施和醒目的警示标志信号等。

◎遇有六级以上大风等恶劣天气时,不得进行高处露天作业、缆索吊装作业及大型构件起重吊装作业等。

◎钻孔桩口、钢管桩口、预留口、坑槽口、操作平台空口等处,均应设置安全防护设施。

二、明挖基础

1. 主要危险源:坑壁坍塌,机械伤害,爆炸。
2. 管理要点

◎开挖基坑时,要按规定的边坡坡度分层下挖,严禁局部深挖和掏洞开挖。

专职安全员必读

◎深基坑四周应设钢管护栏(高度1.2m以上,刷红白或黄黑双色漆),挂密目式安全网,离基坑边不少于0.5m;靠近道路的设置夜间发光警示标志。人员上下应设置马道或扶梯。

◎基坑周边1.0m范围内严禁堆放杂物、开挖物。

◎基坑、井坑开挖过程中,必须专人观察坑壁、边坡有无裂缝和坍塌现象(特别是雨后和解冻时期)。

施工现场安全生产管理要点

◎机械开挖基坑时,坑内不得有人作业,必须留人在坑内操作时,挖掘机应暂停作业。作业人员不得在坑壁下休息。

◎基坑开挖中,遇有流沙、涌水、涌沙及基坑边坡不稳定等现象发生时,应立即撤出基坑。

◎降水作业中,应随时观测对临近建筑物的影响程度,当沉降或变形超出预警数据时,应停止作业,并采取相应措施。

三、筑岛围堰

❶主要危险源:边坡坍塌,机械伤害,淹溺。

❷管理要点

◎采用挡土板或板桩围堰,应随时检查挡板、板桩等挡土设施以及人员通行扶梯的稳定牢固状况。

◎施工中,遇有流沙、涌沙或支撑变形等危及作业人员安全的情况时,应立即停止挖掘,撤出基坑。

◎用吸泥船吹砂筑岛,作业人员应穿戴救生

衣,并备有救生船;作业区内严禁船舶和无关人员进入,不得在承载吸泥管道的浮筒上行走。

◎基坑抽水过程中,要有专人经常检查土层变化、支撑结构受力情况。

◎基坑支撑拆除时,应在现场技术负责人的指导下进行。严禁站在准备拆除的支撑上操作。

◎在围堰内作业,遇有洪水,作业人员应立即撤出。

四、钢板桩与钢筋混凝土板桩围堰

❶主要危险源:淹溺,触电,机械伤害,物体打击。

❷管理要点

◎吊起的钢板桩未就位前,插桩桩位处不得站人。在桩顶作业,应挂吊篮、爬梯,作业人员必须系好安全带。

◎严禁将吊具拴在钢板桩夹具上或捆在钢板桩上进行吊装。

◎插打钢板桩,如因吊机高度不足,可向下改变吊点位置,但吊点不得低于桩顶以下1/3桩长位置。

◎拔桩时,应从下游向上游依次进行,严禁硬拔;采用吊机船拔除钢板桩,应指派专人经常检查吊机船的吃水深度、拔桩机或吊机受力情况,拔桩机和吊机应安装"限负荷"装置,以防超负荷作业。

五、套箱围堰

❶主要危险源:淹溺,高处坠物,机械伤害,水上交通事故。

❷管理要点

◎拖船牵引浮运钢套箱时,应征得港航管理部门同意,并制定拖船牵引方案,加以实施。多只拖船牵引浮运大型物件时,应配备通讯器材,并建立统一的指挥机构。

◎两船之间的通道及联接梁上,应铺设人行道板和栏杆。严禁在一只导向船上或船的一侧偏载重物。

◎采用沉浮式双壁钢套箱,吸水下沉或排水上浮时，必须对称均衡地进行施工，防止产生过大的倾斜。

◎钢套箱拆除时，应有足够的脚手板、扶梯和救生设备等安全防护设施。施工人员必须系安全带、穿救生衣。拆下的铁件、螺栓等，应吊放在指定地点，不得从高处向下抛掷。

六、沉井基础

❶主要危险源：淹溺，高处坠物，机械伤害，沉井倾覆，有害气体，水上交通事故。

❷管理要点

◎沉井下沉的四周影响区域内，不宜有高压线杆、地下管道、固定式机具设备和永久性建筑。

◎沉井施工前，应搭设稳固的脚手架、作业平台，平台四周设置栏杆，高处作业和险要的空隙处，均应挂设防落物网。

◎在刃脚处挖掘，应对称均匀掘进，并保持沉井均匀下沉。

施工现场安全生产管理要点

◎沉井下沉时，下井操作人员安全防护用品必须佩戴齐全。井内要有充足的照明。沉井各室均应备有悬挂钢梯及安全绳，以备逃生之需。涌水、涌砂量大时，严禁采用人工开挖下沉。

◎对于围堰筑岛上就地浇筑的沉井，在沉井的外侧周围应留有护道。护道宽度应按设计规定修筑；筑岛岛面和开挖基坑的坑底高程，应比沉井施工期最高水位高出至少0.5m。

◎浮运沉井的防水围壁露出水面高度，在任何时候均不得小于1m。不排水沉井下沉中，应均匀出土，不得超挖、超吸，并应加强观测，必要时进行沉井底的潜水检查，防止沉井突然下沉和大量翻砂而导致沉井歪斜，造成人员和机械损伤。

◎沉井施工中，应严防船舶及漂流物等的撞击。通航的河道，应设置导航标志，在水流斜交处，应备有导航船引导过往船只，缓慢安全驶过施工区。

七、钻孔灌注桩

❶主要危险源：钻机倾覆，孔口坠落。

❷管理要点

◎钻机皮带转动部分不得外露，所使用的电气线路必须是橡胶防水电缆。

◎采用冲击钻孔时，卷扬机钢丝绳断丝量超过5%时，必须立即更换。卷扬机在收放钢丝绳操作时，严禁作业人员在其上面跨越；卷扬机卷筒上的钢丝绳，不得全部放完，应最少保留3圈。严禁手拉钢丝绳卷绕。

◎钻孔中，发生故障需排除时，严禁作业人员下孔内处理故障。

◎对于已埋设护筒未开钻或已成桩护筒尚未拔除的，应加设护筒顶盖或铺设安全网遮罩。

◎应在泥浆池边设有明显的警示标志和防护围栏。桩基施工完成后，应回填泥浆池。

◎钻机塔顶和吊钢筋笼的吊机桅杆顶上方2m内

不准有任何架空障碍物。

◎雷雨时作业人员不得在钻机下停留,防止碰撞、电击等意外事故发生。

◎水上作业平台结构要牢固,要设置合格的围挡,并设置安全警示标志。

◎钢筋笼吊装,应有专人指挥。应符合起重吊装的有关规定。

八、沉入桩基础

①主要危险源：物体打击，桩机倾覆。

②管理要点

◎打桩机的移动轨道，铺设要平顺，轨距要准确，钢轨要钉牢，轨道端部应设止轮器。

◎各种沉桩及桩架等拼装完成后，应对机具设备及安全防护设施（如作业平台、护栏、扶梯、跳板等）进行全面检查验收。

◎吊桩时，应有统一的指挥信号。桩的下部应拴以溜绳，在指挥人员发出信号后，方可作业。

◎打桩机移位或检查维修桩锤时，禁止将桩锤悬起。钻机应移到桩位上稳固后方准起锤，严禁随移随起锤。

◎打桩机拆装时，桩架长度半径（并加一定安全系数）内不准拆装作业以外的人员进入。在起落机架时，要专人指挥，并禁止任何人在机架底下穿行或停留。

施工现场安全生产管理要点

◎在高压线下两侧安装打桩机械，应根据电压，保证打桩机与高压线最近距离大于安全距离。打桩机顶部上方2m内不准有任何架空障碍物。

◎在起吊沉桩或桩锤时，严禁作业人员直接在吊钩下或在桩架龙门口停留或作业。

◎遇有大风及恶劣天气，应停止打桩作业。雷雨时，作业人员不得在桩架附近停留。采用浮式打桩船或浮式平台沉桩时，当有船只通过时，应暂停沉桩作业。

◎振动打桩机开动后，作业人员必须站离基桩，信号员与驾驶员所在位置应能通视，并能看到基桩下沉情况。所有开、停振必须听从指挥。振动下沉过程中，严禁进行机械维修和保养。振动打桩机在停止作业后，应立即切断电源。

◎钢筋混凝土沉桩完成后，露出地面的桩头及钢筋，应按基坑临边防护形式做好安全防护。

九、挖孔灌注桩

❶主要危险源：孔壁坍塌，吊物伤人，窒息，爆炸。

❷管理要点

◎孔口四周应设置安全防护栏和警示标志。孔内作业人员必须戴安全帽，穿绝缘鞋，戴绝缘手套。

◎防止井上坠物。井口护壁高度至少比地面高出30cm，井口2m范围内不得堆放杂物和弃渣；出渣宜使用电动卷扬机，并要有断电防滑保护装置；卷扬机吊钩要有保险卡口装置；井下设挡板，作业人员需在挡板下作业。

◎作业人员上下井，要系安全带，每个作业点配应急软梯；孔下作业人员连续作业不得超过2小时。

◎做好井下通风。挖孔桩施工必须配备有害气体检测仪。每日下井前及爆破作业后必须进行机械通风，爆破作业过程中应做好爆破警示。

◎人工挖孔桩采用混凝土护壁时，每挖深1m

（土质不好还应适当减少），应立即浇筑护壁，护壁厚度不小于0.1m。挖孔较深或有渗水时，必须采取孔壁支护及排水、降水等措施，严防塌孔。

◎孔内挖土人员的头顶部应设置护盖。取土吊头升降时，挖土人员应在护盖下工作。相邻两孔中，其中一孔进行爆破或浇筑混凝土作业时，另一孔的挖孔人员应停止作业，撤出井孔。

◎人工挖孔深度超过10m时，应采用机械通风，应有良好的照明，人工挖孔最深不宜大于15m。

◎成孔和停工的井口必须进行遮盖。

十、管柱施工

①主要危险源：高处坠落，物体打击。

②管理要点

◎管柱振动下沉作业，应对邻近的建筑物、临时设施及相邻管柱的安全和稳定进行检查，必要时采取安全防护措施。

◎管柱施工作业平台，除设护栏外，双层或高处作业处,以及两船拼装之间、跳板下面,均应悬挂安全网;管柱内钻凿岩层时,钻孔平台的脚手板必须铺满,四周设置护栏和上下梯,并备有救生和消防设施。

◎管柱内水位,应保持高出管柱外水面,在管柱内清孔时,必须高出管柱外水面1.5~2m。有潮汐影响时,应采取稳定管柱内水头的措施。

十一、就地浇筑墩台、柱与盖梁

❶主要危险源:模板倾覆,物体打击,高处坠落,机械伤害。

❷管理要点

◎就地浇筑墩台混凝土,施工前必须搭设好脚手架和作业平台,墩身高度在2~10m时,平台外侧应设栏杆及上下扶梯;墩身高度在10m以上时,还应加设安全网。墩台顶必须搭设安全护栏,作业人员应系好安全带。

◎用吊斗浇筑混凝土,吊斗提降应有专人指挥。升降吊斗时,下部的作业人员必须躲开,上部人员不得身倚栏杆推动吊斗,严禁吊斗碰撞模板及脚手架。

◎墩台钢筋骨架绑扎安装后,未浇筑混凝土部分超过8m,或立柱模板超过8m的,浇筑完成之前必须设置缆风绳。

十二、砌筑墩台

❶主要危险源:平台倒塌,高处坠落,物体打击。

❷管理要点

◎砌筑墩台前,应搭设好脚手架、作业平台、护栏、扶梯等安全防护设施。

◎人工、手推车推(抬)运石块或预制块件时,脚手板应铺满。脚手架和作业平台上堆放的物品不得超过设计荷载。砌筑材料应随运随砌。

十三、滑模施工

❶主要危险源:模板垮塌,高处坠落,机械伤害。

❷ 管理要点

◎爬升架体系、操作平台、脚手架等,要保证具有足够的刚度和安全度。架体提升时,要另设保险装置。

◎模板内设置升降设施及安全梯。

◎操作平台上的施工荷载,应均匀对称,不得超负荷。平台周围应安设防护栏杆,并备有消防及通讯设备。

◎当塔墩等高层建筑采用爬模施工方法时,作业人员不得站在爬升的模板或爬架上。

◎液压系统组装完毕后,必须进行全面检查。施工过程中,液压设备应由专人操作,并经常维护。

◎用手动或电动千斤顶做提升工具,千斤顶丝扣的旋转方向,应以左右方向对称安装,使其力矩相互抵消,防止平台被扭动而失稳。

◎运送人员、材料的罐笼或外用电梯,应有安全卡、限位开关等安全装置。

施工现场安全生产管理要点

◎施工及拆除滑模设备时,应专人指挥,并划定警戒区,警戒线到建筑物边缘的安全距离不得小于10m。

十四、预制构件安装

❶主要危险源: 机械失稳,高处坠落,物体打击。

❷管理要点

◎导梁组装时,各节点应联结牢固,在桥跨中推进时,悬臂部分不得超过已拼好导架全长的1/3。

◎安装预制构件施工不宜在夜间施工,禁止作业人员疲劳上岗。简支梁安装起吊中,墩顶工作人员应暂时离开,禁止工作人员站在墩台帽顶指挥或平行作业。

◎装配式构件吊装施工所需的脚手架、作业平台、防护栏杆、上下梯道、安全网必须齐备。深水施工,应配备救护用船。

◎重大的吊装作业,应先进行试吊。遇有大风及雷雨等恶劣天气时，不得进行构件吊装作业。

◎墩顶龙门架使用托架托运时，托架两端应保持平衡稳定；龙门架落位后应立即与墩顶预埋件联结，并系好缆风绳。

◎龙门架顶横移轨道的两端应设置制动枕木。

◎预制场和墩顶装载构件的滑移设备要有足够的强度和稳定性，牵引（或顶推）构件滑移时，施力要均匀。

◎安装现场设立警戒区，建立统一的指挥系统，专人监护；标识标牌齐全，防护到位。施工难度、危险性较大的作业项目应组织培训。

◎起重机应有防倾覆措施。

十五、就地浇筑上部结构

❶主要危险源：支架垮塌，高处坠落，触电。

❷管理要点

◎支架做安全验算并试压，操作平台及上下通道设钢管安全护栏，护栏内侧挂密目式安全网，外侧挂防落物网;各类操作规程牌及安全警示牌齐备,个人防护用品齐全、使用正确。

◎混凝土就地浇筑时,作业前应对机具设备及防护设施等进行检查。施工中应随时检查支架和模板,发现异常状况应及时采取措施。

十六、悬臂浇筑

❶主要危险源:挂篮倾覆,高处坠落,触电。

❷管理要点

◎挂篮组拼后,要进行全面检查,做静载试验。挂篮两侧前移要对称平衡进行,大风、雷雨天气不得移动挂篮。

◎挂篮使用时,应经常有专人检查后锚固筋、千斤顶、手拉葫芦、张拉平台及保险绳等是否完好可靠。

◎桁架挂篮在底模荡移前,必须详细检查挂篮位置、后端压重及后吊杆安装情况是否符合要求。应先将上横梁两个吊带与底模下横梁连接好,确认安全后,方可荡移。

◎滑移斜拉式挂篮底模和侧模沿滑梁行走前，必须在倒链葫芦的位置加保险绳。

◎挂篮拼装机悬臂组装中，在危险性较大、高处级深水处作业时，应设置安全网，满铺脚手板，设置临时护栏。

◎进行零号块施工，并以斜托架做施工平台时，平台边缘应设安全防护设施。墩身两侧托架平台之间搭设的人行道板必须连接牢固。施工作业平台、已浇筑混凝土的梁段边缘处及人员上下通道，应设钢管安全护栏，护栏内侧挂密目式安全网，外侧挂安全平网。设置安全警示标志。

◎遇有五级以上大风及恶劣天气时，应停止作业。

十七、悬臂拼装

❶主要危险源：机械失稳，高处坠落，触电。

❷管理要点

◎龙门架或起重吊机进行悬臂拼装时，应遵照下列安全规定进行作业：

施工现场安全生产管理要点

①吊机的定位、锚固应按设计进行,并进行静载试验。龙门架起重吊机及轨道的下面,必须具有坚实的基础,不得有下沉、偏斜。

②预制构件运至现场后,如需暂时存放,应放置在平整坚实的场地上,并按设计设置支点及支撑。

③构件起吊前,应对起吊机具设备及构件进行全面检查、验收,并进行起吊试验。

④运送构件的车辆(或船只),构件起升后应迅速撤出。

◎遇有下列情况时,必须停止吊装作业:

①指挥信号系统失灵。

②天气突然变化,影响作业安全。

③卷扬机、电机过热、起重吊机或托梁部件变形或其他机械设备、构件等发现有异常情况。

十八、缆索吊装

❶**主要危险源:设备失稳,高处坠落,触电,机械伤害。**

❷管理要点

◎吊装时,应有统一的指挥信号。

◎登高作业人员应携带工具袋;安全带不得挂在主索、扣索、缆风绳等上面。

◎缆索吊装大型构件时,应事先检查塔架、地锚、扣架、滑车、钢丝绳等机具设备。正式吊装前必须进行吊载试运行。

◎缆索跨越公路、铁路时,应搭设架空防护支架。在靠近街道和村镇的地方应设立警示标志。在通航航道上空吊装作业,吊装作业宜采取临时封航措施。

◎暴雨、大雾、六级以上大风等恶劣气候和夜间不得进行缆索吊装作业。

十九、顶推及滑移模架

❶主要危险源:设备失稳,机械伤害,触电。
❷管理要点

◎顶推施工中,应随时进行必要的监测,以控制施工安全。

◎顶入工作坑的边坡,应根据土质情况进行放坡或者支护。靠铁路、公路一侧的边坡,其上端应与铁路和公路保持一定安全距离。

◎上下桥墩和梁上作业时,应设置扶梯、围栏、悬挂安全网等安全防护设施。使用的工具、材料等,均应吊运传递,不得向下抛掷。

◎落梁完毕,拆除千斤顶及其他设备时,应先用绳拴好,并用吊机吊出。

◎施工前应采取必要的加固措施,以保证顶入作业中通车线路的安全。

◎用滑移模架法浇筑箱梁混凝土时,应遵守下列规定:

①钢箱梁及桁架梁下弦底面装设不锈钢带,在滑撬上顶推滑行之前,应检查有无障碍物及不安全因素。所用机具设备及滑行板等,均须进行检查和试验。对重要部位,应设专人负责值班观察,并注意人员与设备的安全。在滑道上要及时刷油。上岗作业必须穿防滑鞋、戴安全帽。拆卸底模人员,必

须挂好安全带。

②牵引后横梁和装卸滑撬时,要有起重工协同配合作业。牵引时,应注意牵引力作用点,使后横梁在运行时,与桥轴线保持垂直。

二十、转体法与拖拉法施工

❶主要危险源:设备失稳,高处坠落,触电,物体打击。

❷管理要点

◎桥梁上部为预制钢筋混凝土或预应力混凝土结构,采用转体架桥法或纵横向拖拉法施工时,搭设支架(或拱架)、支立模板、绑扎钢筋、焊接及浇筑混凝土等,均应遵守相应的安全规定。

◎采用平转法,桥体旋转角应小于180°。转体时,悬臂端应设缆风绳。

◎平衡重转体施工前,应先利用配重做试验,进行试转动,检查转体是否平衡稳定。无平衡重平转法施工的扣索张拉时,应检查支撑、锚梁、锚碴、拱体等，确认安全后方可施工。

◎使用万能杆件或枕木垛作滑道支撑墩时，其基础必须稳固。枕木垛应垫密实，必要时应做压重试验。

◎拖拉或横移施工中，应经常检查钢丝绳、滑车、卷扬机等机具设备是否完好，发现问题应立即处理。

二十一、预应力张拉

❶主要危险源：物体打击，机械伤害，触电。

❷管理要点

◎预应力钢束（钢丝束、钢绞线）张拉作业区，设置后挡板及明显的警示标志，无关人员不得进入。

◎张拉设备、工具（如千斤顶、油泵等）的压力表应按规定周期进行标定。

◎在已拼装或现浇的箱梁上进行张拉作业，应事先搭好张拉作业平台，并保证张拉作业平台、拉伸机支架要搭设牢固，平台四周应加设护栏。施工的吊篮应安挂牢固，必要时可另备安全保险设施。张拉时，千斤顶的对面及后面严禁站人。

◎先张法张拉施工时，张拉前应对台座、横梁等进行检查。

◎先张法张拉中和未浇混凝土之前，周围不得站人和进行其他作业。浇筑混凝土时，振捣器不得撞击钢丝（钢束）。

◎预应力钢筋冷拉时，在千斤顶的端部及非张拉端部，均不得站人。

◎预应力钢筋放张应梁板两端同时均匀、对称放张,采用砂箱放张,放砂速度应均匀一致。

◎管道压浆时,作业人员戴防护眼镜和其他防护用品。关闭阀门时,作业人员应站在侧面。

二十二、拱桥

❶主要危险源:拱(支)架倒塌,高处坠落,物体打击,机械伤害。

❷管理要点

◎拱桥的模板、支架和拱桥应按受力程序分别验算其强度、刚度及稳定性。

◎就地浇筑的钢筋混凝土拱圈及卸落拱架的过程中,应设专人用仪器配合进度随时观测拱圈、拱架、劲性骨架和横向位移以及墩台的变化情况并详细记录。

◎浇筑拱圈混凝土时,应做专门的加载程序,使拱架变形保持均匀。

◎拱架必须经过专门验算,满堂式拱架基础必须妥善处理,减少不均匀变形。

◎多层施工的拱桥和桥下通车、行人时,应布设安全网。

◎施工现场应加强交通管制工作,防止机械伤人。

二十三、斜拉桥与悬索桥

❶主要危险源:模板倾覆,高处坠落,触电,机械伤害,物体打击等。

❷管理要点

◎索塔升高(到20m以上),防雷电设施必须相应跟上;避雷系统未完善前,不得开工。

◎悬索桥的主索及斜拉桥的斜缆索,应进行破断试验,其破断力应满足设计要求。

◎索塔分节立模浇筑前,应搭好脚手架、扶梯、人行道及护栏。每层确定高度后,必须设置风缆。斜缆索全部安装并张拉完成后,方可撤除风缆并恢复铰接。

◎斜拉桥的塔底与墩固结时,脚手架必须在墩上搭设。当索塔与悬臂段同时交错施工,并分层浇筑索塔时,脚手架不得妨碍索塔的摆动。

◎缆索套管内采用压注水泥浆防护时,水泥浆应从下往上压入。索塔超过50m时,应分段向上压注,以防灌注压力过大,套管破裂伤人。

◎悬索桥施工中,施工中使用的吊篮、平台等应具有足够的强度,设置的防护围栏高度不得小于1.2m。索塔应设置上下扶梯和塔顶作业平台。索鞍的安装应保证位置准确。

◎悬索桥安装加劲桁构(梁)时,应该做到:

①索塔下端为固结时索鞍将逐步向河心偏移,施工中,应对索鞍偏移量进行观测和控制,防止超过设计允许偏斜量而影响塔架的安全。

②索塔下端为铰接时,亦应按设计观测,并控制索塔的偏斜量。

◎斜拉桥、悬索桥在施工中应配备水上救护船只。

二十四、桥面铺装与护栏

❶主要危险源：高处坠落，触电，物体打击，机械伤害。

❷管理要点

◎未设置防撞护栏在桥梁边缘应设置安全网，桥头设安全责任、警示标识牌，作业人员进场戴安全帽，在桥梁边缘的作业人员应配备安全带。

◎桥面钢筋多且面广，专职电工每天对用电设置、线路进行安全检查。

◎桥头应设置栅栏，非作业人员和外来车辆不得入内，避免压坏已铺好的钢筋网及浇好的桥面。

二十五、钢桥

❶主要危险源：高处坠落，物体打击，触电。

❷管理要点

◎钢梁杆件组装，应在平整的作业平台上进

行，其基础应有足够的承载力。

◎浮运吊装时，应按水上运输和起重吊装作业安全要点进行。浮运宜从下游逆水进入桥孔。

◎钢梁上的各种电动机械和电缆线、照明线路等，必须保持绝缘良好，应有专人值班管理。

◎装拆脚手架、上紧螺栓、铆合等作业，应上下交替进行，避免双层作业。

5.5 隧道工程

一、一般安全要求（施工场地、进洞前规定）

◎施工场地应作出详细的部署和安置，出渣、进料及材料堆放场地应妥善布置，弃渣场地应设置在不堵塞河流、不污染环境、不毁坏农田的地段。

◎进洞前应先做好洞口工程，稳定好洞口的边坡和仰坡，做好天沟、边沟等排水设施，确保地表水不致危及隧道的施工安全。

◎开挖人员不得上下重叠作业。

◎边、仰坡以上松动危石应在开工前清除干净。施工中应经常检查,特别是在雨雪之后,发现松动危石必须清除。

◎洞口要配置值班室,进、出洞人员实行进出洞登记制度。

◎进洞人员必须按规定佩戴安全防护用品。

◎在洞身开挖过程中,为保证洞内人员施工安全，软弱围岩地段应配备可手动拆卸的逃生钢管，要求壁厚不宜小于10mm，管径不宜小于600mm，每节管长宜为1.5～2m。

◎在隧道所有作业台架上安装防护彩灯或反光标志，确保车辆通行安全，在台架底部配置消防器材。

◎隧道开挖应做好监控量测和超前预报工作。

二、开挖、凿孔与爆破

❶主要危险源： 坍塌，机械伤害，触电，瓦斯爆炸。

❷管理要点

◎人工开挖土质隧道时，作业人员保持必要的安全操作距离；机械凿岩时，宜采用湿式凿岩机或带有捕尘器的凿岩机。

◎风钻钻眼时，气管接头应牢固无漏风现象；湿式凿岩机供水应正常；干式凿岩机的捕尘设施良好。

◎钻孔台车进洞时要有专人指挥，认真检查道路状况和安全界限,其行走速度不得超过25m/min。

◎带支架的风钻钻眼时,必须将支架安置稳妥。风钻卡钻时应用扳钳松动拔出,不可敲打,未关风前不得拆除钻杆。

◎严禁在残眼中继续钻眼。

◎装药与钻孔不宜平行作业。

◎进行爆破时,所有人员撤离现场的安全距离为:独头巷道不少于200m;相邻的上下坑道内不少于100m;相邻的平行坑道,横通道及横洞间不少于50m;全断面开挖进行深孔爆破(孔深3~5m)时,不少于500m。

◎爆破作业后必须经过15min通风排烟后,检查人员方可进入工作面,检查有无"盲炮"及可疑现象;有无残余炸药或雷管;顶板两帮有无松动石块;支护有无损坏与变形。

◎两工作面接近贯通时,两端应加强联系并统一指挥。岩石隧道两工作面距离接近15m(软岩为20m),一端装药放炮时,另一端人员应撤离到安全地点。

施工现场安全生产管理要点

三、洞内运输

❶主要危险源： 车辆伤害，物体打击。

❷管理要点

◎洞内运载车辆不准超载、超宽、超高运输，严禁人料混载。

◎洞内机械作业必须有专人指挥。

◎在任何情况下，雷管与炸药必须放置在带盖的容器内分别运送。

◎严禁用翻斗、自卸汽车、拖车、拖车机、机动三轮车、人力三轮车、自行车、摩托车和皮带运输机运送爆破器材。

◎装运大体积或超长料具时，应有专人指挥，专车运输，并设置显示界限的红灯。

◎洞内运输的车速不得超过：对于机动车在施工作业地段单车为10km/h，有牵引车及会车时为5km/h。

四、支护

❶ 主要危险源：物体打击，机械伤害，涌水。

❷ 管理要点

◎ 洞内支护，宜随挖随支护，支护至开挖面的距离应不超过4m；如遇石质破碎、风化严重和土质隧道时，应尽量缩短支护至工作面的距离。

◎ 不得将支撑立柱置于废渣或不稳定的岩石上。

◎ 喷射手应佩戴必要的防护用品。注浆管喷嘴严禁对人放置。

◎ 脚手架及工作平台上的脚手板应满铺。

◎ 安装、拆除模板、拱架时，工作地段应有专人监护。

◎ 当发现量测数据有不正常变化或突变，洞内或地表位移值大于允许位移值，洞内或地面出现裂缝以及喷层出现异常裂缝时，均应视为危险信号，必须立即报告，并组织作业人员撤离现场，待处理后才能继续施工。

五、衬砌

❶ 主要危险源： 高处坠落，台车失稳，机械伤害。

❷ 管理要点

◎衬砌台车安装应稳定，防护栏杆、工作平台铺板等安全防护措施应到位。

◎台车下的净空应能保证运输车辆的顺利通行。混凝土灌筑时，必须两侧对称进行。台车上不得堆放料具，工作台应满铺底板，并设安全栏杆。

◎拆除混凝土输送软管时，必须停止混凝土泵的运转。

◎依据不同围岩类别，开挖面与衬砌的距离宜控制在90～200m，且未衬砌段应做好喷锚和监控量测，当变形稳定后应立即衬砌。

六、竖井与斜井上下

❶ 主要危险源： 高处坠落，物体打击。

❷ 管理要点

专职安全员必读

◎竖井井口平台应比地面至少高出0.5m,有严密的井盖。

◎当工作面附件或井筒未衬砌部分发现有落石、支撑发响或大量涌水时,工作面作业人员应立即从安全梯或使用提升设备撤出井外,并报告上级处理。

◎吊桶升降机运送人员的速度不得超过5m/s,无稳绳段不得超过1m/s;运送石渣及其他的材料不得超过8m/s,无稳绳段不得超过2m/s;运送爆破器材时,不得超过1m/s。

七、通风与防尘

❶主要危险源: 有毒气体,粉尘。

❷管理要点

◎现场应配置气体检测仪,具有检测含氧量、有毒有害气体、易燃易爆气体指标的功能,一般情况下每天检测应不少于2次。

◎粉尘允许浓度:每立方米空气中,含有10%以上游离二氧化硅的粉尘必须在2mg以下。

◎隧道内的气温不宜超过28℃；氧气不得低于20%（按体积计）；有害气体含量应满足规范要求；隧道内的噪声不得超过90分贝。

◎隧道进尺达到200m时，必须安装送排风设备，确保隧道内作业环境和作业人员安全。

◎施工时宜采用湿式凿岩机钻孔，用水炮泥进行水封爆破以及湿喷混凝土喷射等有利减少粉尘的施工工艺。

八、照明、排水与防火

❶主要危险源：车辆伤害，火灾，触电，淹溺。

❷管理要点

◎隧道内用电线路，均应使用防潮绝缘导线，并按规定的高度用瓷瓶悬挂牢固。

◎隧道内各部的照明电压应为：开挖、支撑及衬砌作业地段为12~36V；成洞地段为110~220V；手提作业灯为12~36V。

◎隧道内的用电线路和照明设备必须设专人负

责检修管理，检修电路与照明设备时应切断电源。

◎在有地下水排出的隧道，必须挖凿排水沟，当下坡开挖时应根据涌水量的大小，设置大于20%涌水量的抽水机具予以排出。

◎抽水设备宜采用电力机械，不得在隧道内使用内燃抽水机。

◎隧道开挖中如预计要穿过涌水地层，宜采用超前钻孔探水，查清含水层厚度、岩性、水量、水压等，为防治涌水提供依据。

◎如发现工作面有大量涌水时，应立即责令作业人员停止工作，撤至安全地点。

◎各作业区等均应设置有效而数量足够的消防器材，并设明显的标志，定期检查、补充和更换，不得挪作他用。

◎洞内及各硐室不得存放汽油、煤油、变压器油和其他易燃物品。清洗风动工具应在专用硐室内，并设置外开的防火门。

九、通过煤层与瓦斯区

❶主要危险源：瓦斯爆炸，坍塌，火灾。

❷管理要点

◎施工通风系统应能每天24小时不停地连续运转，保证瓦斯在空气中含量不超标。任何人员进入隧道必须接受检查，严禁将火柴、打火机及其他可自燃的物品带入洞内。

◎电灯照明应注意电压不得超过110V，输电线路必须使用密闭电缆，灯头、开关、灯泡等照明器材必须采用防爆型，开关必须设置在送风道或洞口。

◎掘进工作面风流中的瓦斯浓度达到1%时，必须停止电钻打眼；达到1.5%时，必须停止工作，撤出人员，切断电源，进行处理；放炮地点附近20m以内风流中瓦斯浓度达到1%时，严禁装药放炮；电动机附近20m以内风流中的瓦斯浓度达到1.5%时，必须切断电源停止运行；掘进工作面的局部瓦斯积聚浓度达到2%时，其附近20m内必须停止工作，切断电源。

◎因超过瓦斯浓度规定而切断电源的电气设备,必须在瓦斯浓度降低到1%以下时方可开动;使用瓦斯自动检测报警断电装置的掘进工作面只准人工复电。

◎瓦斯隧道中的机具,如电瓶车、通风机、电话机、放炮器等,必须采用防爆型。

◎有瓦斯的隧道,每个洞口必须设专职瓦斯检查员。一般情况下每小时检测一次,并将结果记入记录簿。检测瓦斯的检定器应每季度校对一次。

◎通风必须采用吹入式。通风主机应有一台备用机,并应有两路电源供电。通风机停止时,洞内全体人员必须撤至洞外。

◎隧道内严禁一切可以导致高温与发生火花的作业。

◎隧道施工时必须配备必要的急救和抢救的设备与人员。作业人员必须具有防止瓦斯爆炸方面的安全知识。

5.6 改建工程

一、边通车、边施工路段

❶主要危险源：车辆伤害，物体打击，坍塌。

❷管理要点

◎挖除旧路路基、路面路段一定安全距离外，应竖立显示正在施工的警告标志。改建施工作业范围的边缘，在夜间应悬挂红灯示警标志。

◎改建工程与通车相邻的一侧或两侧，要用红白相间的栏杆等隔离设施进行隔离。

◎边通车、边施工路段两端及中途出入口处,应设专职人员指挥交通。

◎道路清洁人员必须穿带有反光条纹的、具有警示标志作用的工作背心等,方可上路作业。

◎半幅通车路段,在车辆驶入(出)前方应设置指示方向和减速慢行的标志。同时在施工作业区的两端及其延伸一定的安全距离外,设置明显的路栏、隔离墩等,夜间要在路栏上加设施工标志灯。半幅施工的路段不宜过长,一般以不超过300~500m为宜。

◎在原地拆除旧桥(涵),重建新桥(涵)时,应先建好通车便桥(涵)或渡口。在旧桥的两端应设置路栏,夜间应在路栏上悬挂警示灯,并在路肩上竖立通向便桥或渡口的指示标志。

二、跨线桥与通道桥涵

❶主要危险源:物体打击,高空坠落,车辆伤害。
❷管理要点

◎在公路、铁路路基附近挖基、钻孔时,不得损坏公路、铁路的各种信号设施,不得影响行车的瞭望视线。作业处应设围栏、支撑及其他安全防护措施。

◎安全通道应设限高与限宽装置。

◎通道口夜间要有指示灯具,施工地段附近要按距离逐级做好提前警示和提醒。

◎边通车、边施工时,必须配备专职交通疏导指挥人员。上岗时必须穿戴反光背心,配备对讲设备。

5.7 交通工程

一、一般路段路基护栏

1 主要危险源:机械伤害,触电。

2 管理要点

◎打桩机应由专人操作,在打桩过程中不得离开驾驶室。

◎打桩时,不得用手扶正立柱,应使用套管等器具。

◎桩锤启动前,应使桩锤桩帽和桩在同一轴线上,不得偏心打桩。

二、桥梁护栏和临崖、临水路段路基护栏

❶主要危险源: 机械伤害,高处坠落。

❷管理要点

◎桥梁护栏和临崖、临水路段路基护栏临边作业时,作业人员必须使用安全带;路侧施工遇有六级以上大风时应停止作业。

◎搭设临边防护支架时外侧必须安装临边防护栏杆;跨越通车公路、铁路时应采用阻燃式密目网封闭。

三、交通标志

❶主要危险源: 机械伤害,高处坠落,物体打击。

❷管理要点

◎安装标志过程中,标志垂直下方禁止站人,

标志横梁上禁止人员作业。

◎安装标志立柱或整体标志时,宜采用轮胎式起重机起吊。

◎在电力线附近安装时,机械设备与电力线的最小安全距离要满足有关规定。

四、交通标线

❶主要危险源:机械伤害,烫伤,中毒。

❷管理要点

◎施工人员应配备必要的劳动保护用品,必要时穿防护服和戴防护面具、保护手套等。

◎随车应携带灭火器等消防器材。

◎施工场所应通风良好,隧道内施工必须进行通风。

◎对于通车路段的标线施划,应注意交通安全警示及交通管制。

5.8 水运工程

一、水上临时设施

❶ 主要危险源:地基沉陷,建筑物垮塌,淹溺。

❷ 管理要点

◎借用工程结构作临时工作平台时,应按施工期间可能出现的最不利荷载组合进行核算。

①水上工作平台应稳固。顶部应满铺面板,面板与下部结构连接应牢固,悬臂板应采取有效的加固措施。

②水上工作平台顶面的四周,应设置高度不低于1.2m的安全护栏。上下人员的爬梯应牢固,梯阶间距宜为30cm。平台上作业场地的大小,应充分考虑作业人员的作业安全。

③水上工作平台应设置安全警示标志和必要的救生器材。

◎水上临时人行跳板,宽度不宜小于60cm,跳板的强度和刚度应满足使用要求。跳板应设置安全护栏或张挂安全网,跳板端部应固定和系挂,板面应设置防滑设施。

◎浅滩、水下暗礁和障碍物等应设置明显的安全警示标志。

二、水下爆破

❶主要危险源:爆炸,物体打击,机械伤害。

❷管理要点

◎从事爆破工程的施工单位及爆破作业人员,必须具有相应的爆破资质证书、作业许可证和资格证书。爆破工程施工必须取得有关部门批准。

◎爆破作业前必须发布爆破通告,其内容应包括爆破地点、每次爆破起爆时间、安全警戒范围、警戒标志和起爆信号等。

◎水上运送爆破器材和起爆药包应采用专用船。当采用普通船舶时,应采取防电、防振及隔热措施,并应避免剧烈的颠簸或碰撞。

◎裸露药包临时存放应置于爆破危险区外远离建筑物、船舶和人群的专用船或陆地上，且应派专人看守。

◎水下爆破引爆前，潜水员必须回到船上，警戒区内的所有船舶和人员必须移至安全地点。

◎水下钻孔爆破采用边钻孔边装药的施工方法必须采取可靠的隔绝电源和防止钻孔错位等安全措施。

◎采用钻孔爆破船施工时，临时存放的炸药和雷管必须分舱放置，严禁混放。

◎发现盲炮应立即进行安全警戒，并及时报告处理。电力起爆发生盲炮应立即切断电源，并将爆破网路短路。

◎水下爆破装药前，应及时掌握气象与水文资料。遇以下恶劣天气、水文情况时，应停止爆破作业，所有人员应立即撤到安全地点。

①热带风暴或台风即将来临；

②雷电、暴雨雪来临；

③雾天能见度不超过100m；

④风力超过六级,浪高大于0.8m;
⑤水位暴涨暴落。

三、水下焊接

❶主要危险源:触电,淹溺。

❷管理要点

◎水下焊接时潜水员绝缘装备应详细检查,确保完好。

◎必须严格控制闸刀开关,未接到水下潜水员的口令,严禁接通或切断电源,接到潜水员的口令后,应先重复口令再执行闸刀开关通断作业。

四、预制构件吊运与安装

❶主要危险源:物体打击,高处坠落,淹溺。

❷管理要点

◎大型或复杂的构件安装应编制专项施工方案,并进行典型施工。

◎大型构件起吊后,船舶、机械设备操作人员不得离开工作岗位,构件在悬吊状态下不得长时间停滞。

◎受风浪影响的梁、板、靠船构件等安装后,应立即采取加固措施,避免坠落。

◎用自动脱钩起吊的块体在吊安过程中,严禁碰撞任何物体。

◎吊安大型水下混凝土构件的吊具宜采用锻造件。采用焊接件对焊口进行探伤和材质检验。

◎扶壁安装后,应及时采取回填等防止扶壁倾覆的措施。

五、桩基施工

❶主要危险源:构件失稳,设备倾覆,地基沉陷。

❷管理要点

◎船舶在陆域设置的地锚的抗拉力应满足使用要求。地锚和缆绳通过的区域应设置明显的安全警示标志,必要时有专人看守。

◎作业人员必须沿爬梯或乘坐电梯笼上下桩架。

◎打桩过程中,作业人员严禁手拉、脚蹬运行中的滑轮、钢丝绳等。

◎打桩船作业时应随时观察锚缆附近的情况,注意其他作业船舶和人员的动态。移船时锚缆不得绊桩。如桩顶被水淹没,应设置高出水面的安全警示标志。

◎水上悬吊桩锤沉桩应设置固定桩位的导桩架和工作平台。导桩架和工作平台应牢固可靠,并在工作平台的外侧设置安全护栏。

六、深基坑支护与开挖

❶ **主要危险源**:基坑坍塌,机械伤害,涌水涌泥。

❷ **管理要点**

◎深度大于等于2.0m的基坑应设置临边防护设施。深度大于等于5.0m的基坑,或虽未达到5.0m但地质条件和周围环境复杂、地下水位在坑底以上的基坑，应制定支护及开挖专项施工方案。

◎基坑周围的机械设备和堆存的物料等距基坑边缘的距离，必须满足边坡稳定或设计的要求。

◎板桩围堰的基坑必须按支护结构设计和降排水要求分层支护、分层开挖，在支撑结构未形成前严禁超挖。

◎成槽施工中泥浆大量流失或槽壁严重坍塌必须立即停机，并及时采取处理措施。

◎沉井施工前，应掌握工程水文和地质资料，编制专项施工方案。毗邻的高压电线杆、固定式机械设备和永久性建筑物等应进行沉降、位移监测。

◎沉井施工作业区的四周，应设置安全防护设施和警示标志。

◎拆除沉井刃角侧模和垫层时，作业人员必须站在刃角外作业，严禁作业人员进入底梁或隔墙下。

◎基坑四周应设置挡水围堰、排水沟和安全护栏。

七、疏浚与吹填工程

❶ 主要危险源：构筑物失稳，围堰溃坝，淹溺。

❷ 管理要点

◎工程开工前，陆地吹填区域应设置安全警示标志。

◎疏浚施工中挖到危险或不明物，应及时报告有关部门，不得随意处置。

◎疏浚船舶在库区、坝区下游或回水变动区施工，应预先了解水库调度运行方式。

◎水上建筑物附近疏浚作业，应根据设计要求制定专项施工方案。

◎根据不同挖泥船作业特点，应特别注意：

①耙吸式挖泥船。清除耙头杂物时作业人员应正确站位，携带通信工具并设专人监护。遇有不良工况船身摇晃较大时，吹填作业应立即停止；检查

或修理泥浆浓度伽玛检测仪必须由具有相应资格的厂家和专业人员进行。

②绞吸式挖泥船。清理绞刀或吸泥口障碍物应关闭绞刀动力源开关,锁定桥架保险销,排净回路水。作业人员应携带通信工具,并设专人监护;受风、浪影响停工时,船舶必须沉下锚停泊,严禁沉放定位钢桩。

③链斗式挖泥船。清除泥井中障碍物时,严禁斗链运转和斗桥移动。作业人员进入泥井前,必须清除泥井上方可能坠落的物体。作业时必须设专人监护。斗、链拆装前应显示船舶减速信号,插牢链斗保险装置;启用吊车作业,应指定专人统一指挥,明确指挥信号。

④抓斗式挖泥船。抓泥作业前,抓斗机操纵人员应预先发出警示信号,人员不得进入其作业半径范围内;检修吊臂或其他属具应将吊臂放于固定支架上,并停车、断电、悬挂"禁止启动"安全警示标志。

◎吹泥船的吸泥管堵塞后应关闭泵机,并在操纵台上悬挂"禁止启动"安全警示标志,作业人员清除堵塞物时,应设专人监护。

◎泥驳运输不得超载;卸泥时,泥驳不得在横浪或转向航行过程中卸泥。

◎在通航水域沉放水下排泥管线必须申请发布"航行通告",并设置警戒船只;排泥管线需通过桥孔、桩群时,排泥管应采取固定措施。

八、施工船舶作业

❶ 主要危险源:淹溺,船舶搁浅,触礁,碰撞。

❷ 管理要点

◎施工船舶必须在核定航区或作业水域内施工。施工船舶应按规定配备有效的通信、消防、救生、堵漏设备,制定各项安全技术措施及应急预案,并定期进行演练。

◎施工船舶的梯口、应急场所等应设有醒目的安全警示标志或标识。楼梯、走廊、通道应保持畅通。

◎作业、航行或停泊时,施工船舶应按规定显示号灯或号型。

◎船舶甲板、通道和作业场所应根据需要设有防滑装置。在大风浪中航行或冰冻天气作业时,甲板、通道和作业场所应增高临时安全护绳。上下船舶应安设跳板,张挂安全网。使用软梯上下船舶应设专人监护,并备有带安全绳的救生圈。

◎施工船舶不得在未成型的码头、墩台或其他构筑物上系挂缆绳。陆域带缆必须检查地锚的牢固性。缆绳通过的地段,必须悬挂安全警示标志,必要时设专人看护。

◎在狭窄水道或来往船舶较多的水域施工时,通信应有专人值守并及时沟通避让方式。

◎舷外作业应设置安全可行的工作脚手架或吊篮。

◎施工船舶的封闭处所作业应配备必要的通风器材、防毒面具、急救医疗器材、氧气呼吸装置等应急防护设备或设施。

◎在封闭处所内动火作业前,动火受到影响的舱室必须进行测氧、清舱、测爆。通风时,严禁输氧换气。作业时,必须将气瓶或电焊机放置在封闭处所外。

九、大风天气作业

❶ 主要危险源:淹溺,船舶搁浅,触礁,碰撞。

❷ 管理要点

◎施工船舶的抗风能力应满足施工水域工况条件。

◎施工船舶应适度加长锚缆。风浪、流压较大时应及时调整船位。

◎施工船舶的门窗、舱口、孔洞的水密设施应完好，排水系统应畅通，管系阀门等应灵活有效。

◎施工船舶上的桩架、起重臂、桥架、钩头、桩锤、抓斗和挖掘机、起重机等主要活动设备，均应备有封固装置。

◎施工船舶应加强起重臂、打桩架、定位钢桩、臂架和锚缆等设施的观察，风浪可能对船舶或设备造成威胁时，应停止作业。

十、能见度不良天气作业

❶主要危险源： 淹溺，船舶搁浅，触礁，碰撞。

❷管理要点

◎船舶雾航停航通告发布后，必须停止航行。

◎自航施工船舶应预先了解、掌握航标布设、通航密度、船舶活动规律和锚泊船只的分布情况及航道边缘以外水深。

◎船舶航行时，驾驶人员应按规定鸣放雾号，减速慢行，注视雷达信息，并派专人进行瞭望。

◎航行中突然遭遇大雾应立即减速，并测定船位。

5.9 特种设备管理

◎特种设备投入使用前，使用单位应核对其产品质量合格证明、安装及使用维修说明、监督检验证明等文件。

◎设备安装与拆除应委托具有专业资质的安装单位进行，并制定完善安装施工方案，健全安装管理制度、责任制度及紧急处理措施。

◎特种设备在投入使用前或者投入使用后30日内，特种设备使用单位应当向直辖市或者设区的市的特种设备安全监督管理部门登记。登记标志应当置于或者附着于该特种设备的显著位置。

◎特种设备应进行经常性日常维护保养，并定期自行检查。对在用特种设备应当至少每月进行一次自行检查，并做出记录。对在用特种设备的安全附件、安全保护装置、测量调控装置及有关附属仪器仪表进行定期校验、检修，并做出记录。

◎建立特种设备台账、特种设备操作人员台账及其进出场台账。

◎施工单位建立特种设备安全技术档案。安全技术档案应包括以下内容：

①特种设备的设计文件、制造单位、产品质量合格证明、使用维护说明等文件以及安装技术文件和资料。

②特种设备的定期检验和定期自行检查的记录。

③特种设备的日常使用状况记录。

④特种设备及其安全附件、安全保护装置、测量调控装置及有关附属仪器仪表的日常维护保养记录。

⑤特种设备运行故障和事故记录。

◎特种设备操作人员必须经过专门的安全作业培训，并取得特种作业操作资格证书后，方可上岗作业。

◎特种设备在使用前，必须进行关键部位和运行环境安全性检查，必要时应进行试车。此项安全检查应经专职安全员签字认可。必要时要有专人负责安全旁站。

◎不得使用的特种设备有:

①属国家明令淘汰或者禁止使用的;

②超过制造厂家规定使用年限的;

③经检验达不到安全技术标准规定的;

④没有完整安全技术档案的;

⑤没有齐全有效的安全保护装置的。

6

施工现场作业"十项"禁令

专职安全员必读

6.1　高处作业"十不准"

◎安全帽未系紧和安全带未挂牢不准作业。

◎身体状况不适应不准从事高处作业。

◎防护栏、安全网防护不到位不准作业。

◎上下通道（梯子）不牢固不准上下攀登。

◎脚手板绑扎不牢固不准作业。

◎悬挂式脚手架悬挂点不牢固不准作业。

◎模板支撑和绑扎好的钢筋不准攀登。

◎工具材料不准相互和上下抛掷。

◎六级强风和恶劣天气不准作业。

◎其他安全措施不完备不准作业。

施工现场作业"十项"禁令

6.2 电气操作"十不准"

◎未持特种操作证和未经岗前安全培训不准作业。

◎未按规定穿戴绝缘靴和绝缘手套不准作业。

◎没有可靠的安全防护不准带电作业。

◎不符合TN-S标准不准供电。

◎不使用电工专用工具不准作业。

◎雷雨天气不准测定接地电阻。

◎电路修理不准单人操作。

◎不符合"三级配电"、"两级保护"不准供电。

◎未实行"一机一闸"制不准供电。

◎其他安全措施不完备不准作业。

6.3 电(气)焊作业"十不准"

◎未持特种操作证和未经岗前安全培训不准作业。

◎不按规定佩戴劳动保护用品不准作业。

◎焊钳与把线连接不牢、绝缘不良不准施焊。

◎未装回火装置、登记表损坏和两瓶距离不够不准施焊。

◎雷雨天气不准露天施焊。

◎搭接线连接不牢固不准施焊。

◎周围有易燃易爆品未覆盖或未有效隔离不准施焊。

◎更换场地不切断电源不准移动电焊机。

◎燃烧的焊枪不准离手。

◎其他安全措施不完备不准作业。

6.4 脚手架作业"十不准"

◎未持特种操作证和未经岗前安全培训不准作业。

◎不按规定佩戴劳动保护用品不准作业。

◎未进行安全技术交底或交底不清不准作业。

◎工具材料不准相互和上下抛掷。

◎六级以上强风和恶劣天气不准作业。

◎作业中不准跳跃架子。

◎搭拆过程中不符合方案要求不准继续作业。

◎与电力线路距离不够或未设防护措施不准作业。

◎搭拆时地面未设置围栏或警戒标志不准作业。

◎其他安全措施不完备不准作业。

6.5 起重作业"十不准"

◎无特种操作证不准操作。

◎身体不适不准操作。

◎操作时不准闲聊和打瞌睡。

◎无关人员不准随便进入驾驶室。

◎吊钩不准过人头。

◎作业时不准上车下车。

◎吊物时不准长时间悬空。

◎安全装置不准当开关使用。

◎三个动作不准同时开动。

◎工作时间不准调整机器。

6.6　张拉作业"十不准"

◎未经岗前安全培训不准作业。

◎未进行安全技术交底或交底不清不准作业。

◎张拉千斤顶未检定或检定周期超限不准作业。

◎未确定联络信号或信号不良不准作业。

◎锚具使用前未检验合格不准作业。

◎高压油管未经耐压试验合格不准作业。

◎油泵、千斤顶、锚具发现异常现场不准作业。

◎千斤顶支架未与构件对准和不稳固不准作业。

◎张拉时不准人员从千斤顶下面通过或停留。

◎其他安全措施不完备不准作业。

6.7 钢筋作业"十不准"

◎未经岗前安全培训不准作业。

◎不按规定佩戴劳动保护用品不准作业。

◎未进行安全技术交底或交底不清不准作业。

◎工具和机械设备不合格不准作业。

◎夜间照明不足不准作业。

◎靠近架空线路未采取有效隔离措施不准作业。

◎雷雨天气不准进行露天作业。

◎操作平台不稳固不准作业。

◎不准在绑扎好的钢筋或模板支撑上行走和攀登。

◎其他安全措施不完备不准作业。

6.8 混凝土作业"十不准"

◎未经岗前安全培训不准作业。

◎不按规定佩戴劳动保护用品不准作业。

◎作业场所的环境和安全状况不符合规定不准作业。

◎工具设备不合格不准作业。

◎夜间照明不足和未使用安全电压工作灯不准作业。

◎使用振动泵时电源线有破皮漏电现象不准作业。

◎人工推送混凝土未在坡道上设置防滑装置不准作业。

◎混凝土吊斗未停稳不准下料。

◎拌和机运转时不准将工具伸入筒内作业。

◎其他安全措施不完备不准作业。

6.9 运输车辆司机"十不准"

◎证照不全或证照与车辆不符不准开车。

◎饮酒后或身体疲劳不准开车。

◎车辆有故障不准开车。

◎不准开超载、超员、超速车。

◎客货混载不准开车。

◎道路状况不明不准开车。

◎货物装载不稳或捆扎不牢不准开车。

◎自卸车未检视上方和周围环境不准卸车。

◎机动翻斗车与槽坑安全距离不够时不准卸车。

◎不准违反交通规则。

6.10 进入施工现场"十不准"

◎未戴安全帽不准进入施工现场。

◎未穿救生衣不准进入水上施工现场。

◎饮酒后不准进入施工现场。

◎穿高跟鞋、拖鞋不准进入施工现场。

◎赤脚赤膊不准进入施工现场。

◎带小孩不准进入施工现场。

◎闲杂人员不准进入施工现场。

◎外来人员无工地人员陪同不准进入施工现场。

◎外界车辆未经许可不准进入施工现场。

◎非施工船舶未经许可不准进入施工水域。

6.11 电焊作业"十不焊"

◎无特种作业操作证不焊。

◎重要场所和禁火区"未经消防安全部门批准又未落实安全措施不焊。

◎作业区周围存有易燃易爆物品未采取有效措施不焊。

◎有与明火作业相抵触的作业不焊。

◎装过易燃易爆及有害物品容器,未彻底置换清洗不焊。

◎锅炉、容器和管道等设备内作业,无人监护且无防护措施不焊。

◎作业周围情况或焊体性质不明不焊。

◎设备未断电、容器未卸压或密闭器具未采取措施不焊。

◎雨天露天或场地潮湿无可靠安全措施不焊。

◎焊接设备安全附件不全或失效不焊。

6.12 起重作业"十不吊"

◎超载或被吊物重量不清不吊。

◎指挥信号不明确不吊。

◎捆绑、吊挂不牢或不平衡,可能引起滑动时不吊。

◎被吊物上有人或浮置物时不吊。

◎结构或零部件有影响安全工作的缺陷或损伤时不吊。

◎遇有拉力不清的埋置物件时不吊。

◎工作场地昏暗,无法看清场地、被吊物和指挥信号时不吊。

◎被吊物棱角处与捆绑钢绳间未加衬垫时不吊。

◎歪拉斜吊重物时不吊。

◎容器内装的物品过满时不吊。

7 事故报告有关规定

7.1 事故等级分类

◎事故报告应及时、准确、完整,任何单位和个人对事故不得迟报、漏报、谎报或者瞒报。

◎根据国务院《生产安全事故报告和调查处理条例》(2007年国务院令第493号),按照生产安全事故(以下简称事故)造成的人员伤亡或者直接经济损失,事故一般分为以下等级:

①特别重大事故。是指造成30人以上死亡,或者100人以上重伤(包括急性工业中毒,下同),或者1亿元以上直接经济损失的事故。

②重大事故。是指造成10人以上30人以下死亡,或者50人以上100人以下重伤,或者5000万元以上1亿元以下直接经济损失的事故。

③较大事故。是指造成3人以上10人以下死亡,或者10人以上50人以下重伤,或者1000万元以上5000

万元以下直接经济损失的事故。

④一般事故。是指造成3人以下死亡,或者10人以下重伤,或者1000万元以下直接经济损失的事故。

本条所称的"以上"包括本数,所称的"以下"不包括本数。

7.2　事故报告程序

生产安全事故发生后,事故单位应在1小时内按照交通运输部《交通运输建设工程生产安全事故快报表》的要求向建设单位、项目的监管机构报告,并向当地人民政府安全监督管理部门报告。

7.3　事故报告时限

快报报表报送超过规定时限,视为迟报。月报表报送超过28日,应说明情况,无故超过24小时后,视为迟报。因过失未填写报送有关重要项目的，视为漏报。故意不属实上报有关重要内容的，经查、证属实的，视为谎报。故意隐瞒已发生的事故，经有关部门查证属实的，视为瞒报。

7.4 事故报告内容

◎事故发生项目的简要概况。

◎事故发生的时间、地点以及现场情况。

◎事故的简要经过和当前状态。

◎事故已经造成或者可能造成的伤亡人数（包括下落不明的人数），以及初步估计的直接经济损失。

◎已经采取的控制措施。

◎对事态发展的初步评估（如果有）。

◎报告人（或单位）姓名（或名称）、联系方式。

◎其他应当报告的情况。

7.5 事故的补报

事故发生24小时内应当形成专门文字报告并上报。事故报告后出现新情况的,应当及时补报。自事故发生之日起30日内,事故造成的伤亡人数发生变化的,应当及时补报;道路交通事故、火灾事故自发生之日起7日内,事故造成的伤亡人数发生变化的,应当及时补报。

7.6 事故的证据

事故发生后,有关单位和人员应当妥善保护事故现场和相关证据,任何单位和个人不得破坏事故现场、毁灭证据。因抢救人员、防止事故扩大以及疏通交通等原因,需要移动事故现场物件的,应当做出标志,绘制现场简图并做出书面记录,妥善保存现场重要痕迹、物证。

7.7 事故报告的方式与途径

◎电话；

◎短信；

◎电子邮件、传真；

◎报表和文字材料；

◎必要的照片、视频等有助于了解现场情况的视听资料。

8 事故避险与急救

8.1 事故避险

◎施工中发生危及人身安全紧急情况,作业人员应立即停止作业,或采取必要措施后迅速撤离危险区域。

◎立即向本单位或项目部安全生产管理人员或主要负责人报告。

事故避险与急救

8.2 现场急救

一、触电急救

◎立即切断电源，或用干燥木方、木板等绝缘材料，迅速将人与带电体分开。

◎将伤者平放在干燥的地面上，立即进行就地抢救。如伤者呼吸停止心搏存在，应平卧解松衣扣，通畅气道，立即做到人工呼吸。

◎尽快联系医务人员到现场救治。

二、火灾自救

◎如果突遇火灾必须穿过烟雾时,要用湿毛巾捂住口鼻。身体尽量贴近地面或爬行,迅速向安全方向行进。

◎如果衣服着火,不要跑,原地趴下,双手捂住脸,反复地滚动,直到把火熄灭为止。

三、废墟自救

◎塌方时要保持冷静,尽快找到自救方向,或发出求救信号。

◎久在暗处,突遇阳光,切勿睁眼。

◎如果身体被废墟掩埋,头部应尽量向空气充足的地方挪动,保存体力,发出信号,等待救援。

8.3 人工呼吸

◎如果受伤人员口中有异物,要先进行清除,疏通气道。

◎一手捏住受伤人员鼻翼两侧,另一手食指和中指将其下颚抬高,深吸一口气,用口对准受伤人员的口吹入,吹气停止后,放松鼻孔让病人从鼻孔呼气,以此反复进行。

◎成人每分钟13~14次,最初6、7次吹气快一点,以后转为正常速度。

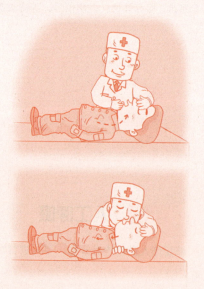

8.4 胸外心脏按压

◎左手掌放在受伤人员胸骨中下1/3处,右手掌放在左手背上,抢救成人用双手,儿童用单手。

◎手臂伸直,垂直下压3~5cm,然后放松,放松时,掌根不离开受伤人员胸腔。

◎挤压要平稳,不间断,有规则,不能冲击猛压。

◎成人每分钟80~100次。

9

相关法律法规

9.1 中华人民共和国安全生产法(摘录)

第六条 生产经营单位的从业人员有依法获得安全生产保障的权利,并应当依法履行安全生产方面的义务。

第七条 工会依法组织职工参加本单位安全生产工作的民主管理和民主监督,维护职工在安全生产方面的合法权益。

第二十一条 生产经营单位应当对从业人员进行安全生产教育和培训,保证从业人员具备必要的安全生产知识,熟悉有关的安全生产规章制度和安全操作规程,掌握本岗位的安全操作技能。未经安全生产教育和培训合格的从业人员,不得上岗作业。

第三十三条 生产经营单位对重大危险源应当登记建档,进行定期检测、评估、监控,并制订应急预案,告知从业人员和相关人员在紧急情况下应当采取的应急措施。

生产经营单位应当按照国家有关规定将本单位重大危险源及有关安全措施、应急措施报有关地方人民政府负责安全生产监督管理的部门和有关部门备案。

第三十四条 生产、经营、贮存、使用危险物品的车间、商店、仓库不得与员工宿舍在同一座建筑物内，并应当与员工宿舍保持安全距离。

生产经营场所和员工宿舍应当设有符合紧急疏散要求、标志明显、保持畅通的出口。禁止封闭、堵塞生产经营场所或者员工宿舍的出口。

第三十六条 生产经营单位应当教育和督促从业人员严格执行本单位的安全生产规章制度和安全操作规程；并向从业人员如实告知作业场所和工作岗位存在的危险因素、防范措施以及事故应急措施。

第三十七条 生产经营单位必须为从业人员提供符合国家标准或者行业标准的劳动防护用品，并监督、教育从业人员按照使用规则佩戴、使用。

第四十三条 生产经营单位必须依法参加工伤社会保险,为从业人员缴纳保险费。

第四十四条 生产经营单位与从业人员订立的劳动合同,应当载明有关保障从业人员劳动安全、防止职业危害的事项,以及依法为从业人员办理工伤社会保险的事项。

生产经营单位不得以任何形式与从业人员订立协议,免除或者减轻其对从业人员因生产安全事故伤亡依法应承担的责任。

第四十五条 生产经营单位的从业人员有权了解其作业场所和工作岗位存在的危险因素、防范措施及事故应急措施,有权对本单位的安全生产工作提出建议。

第四十六条 从业人员有权对本单位安全生产工作中存在的问题提出批评、检举、控告;有权拒绝违章指挥和强令冒险作业。

生产经营单位不得因从业人员对本单位安全生产工作提出批评、检举、控告或者拒绝违章指挥、强令冒险作业而降低其工资、福利等待遇或者解除与其订立的劳动合同。

第四十七条 从业人员发现直接危及人身安全的紧急情况时,有权停止作业或者在采取可能的应急措施后撤离作业场所。

生产经营单位不得因从业人员在前款紧急情况下停止作业或者采取紧急撤离措施而降低其工资、福利等待遇或者解除与其订立的劳动合同。

第四十八条 因生产安全事故受到损害的从业人员,除依法享有工伤社会保险外,依照有关民事法律尚有获得赔偿的权利的,有权向本单位提出赔偿要求。

第四十九条 从业人员在作业过程中,应当严格遵守本单位的安全生产规章制度和操作规程,服从管理,正确佩戴和使用劳动防护用品。

第五十条 从业人员应当接受安全生产教育和培训,掌握本职工作所需的安全生产知识,提高安全生产技能,增强事故预防和应急处理能力。

第五十一条 从业人员发现事故隐患或者其他不安全因素,应当立即向现场安全生产管理人员或者本单位负责人报告;接到报告的人员应当及时予以处理。

第七十条 生产经营单位发生生产安全事故后,事故现场有关人员应当立即报告本单位负责人。

9.2 建设工程安全生产管理条例(摘录)

第二十五条 垂直运输机械作业人员、安装拆卸工、爆破作业人员、起重信号工、登高架设作业人员等特种作业人员,必须按照国家有关规定经过专门的安全作业培训,并取得特种作业操作资格证书后,方可上岗作业。

第二十八条 施工单位应当在施工现场入口处、施工起重机械、临时用电设施、脚手架、出入通道口、楼梯口、电梯井口、孔洞口、桥梁口、隧道口、基坑边沿、爆破物及有害危险气体和液体存放处等危险部位,设置明显的安全警示标志。安全警示标志必须符合国家标准。

施工单位应当根据不同施工阶段和周围环境及季节、气候的变化,在施工现场采取相应的安全施工措施。施工现场暂时停止施工的,施工单位应当做好现场防护,所需费用由责任方承担,或者按照合同约定执行。

第二十九条 施工单位应当将施工现场的办公、生活区与作业区分开设置,并保持安全距离;办公、生活区的选址应当符合安全性要求。职工的膳食、饮水、休息场所等应当符合卫生标准。施工单位不得在尚未竣工的建筑物内设置员工集体宿舍。

施工现场临时搭建的建筑物应当符合安全使用要求。施工现场使用的装配式活动房屋应当具有产品合格证。

第三十六条 施工单位的主要负责人、项目负责人、专职安全生产管理人员应当经建设行政主管部门或者其他有关部门考核合格后方可任职。

施工单位应当对管理人员和作业人员每年至少进行一次安全生产教育培训，其教育培训情况记入个人工作档案。安全生产教育培训考核不合格的人员，不得上岗。

第三十七条　作业人员进入新的岗位或者新的施工现场前，应当接受安全生产教育培训。未经教育培训或者教育培训考核不合格的人员，不得上岗作业。

施工单位在采用新技术、新工艺、新设备、新材料时，应当对作业人员进行相应的安全生产教育培训。

第三十八条　施工单位应当为施工现场从事危险作业的人员办理意外伤害保险。

意外伤害保险费由施工单位支付。实行施工总承包的，由总承包单位支付意外伤害保险费。意外伤害保险期限自建设工程开工之日起至竣工验收合格止。

相关法律法规

9.3 公路水运工程安全生产监督管理办法（摘录）

第二十一条 施工单位应当设立安全生产管理机构，配备专职安全生产管理人员。施工现场应当按照每5000万元施工合同额配备一名的比例配备专职安全生产管理人员，不足5000万元的至少配备一名。

专职安全生产管理人员负责对安全生产进行现场监督检查，并做好检查记录，发现生产安全事故隐患，应当及时向项目负责人和安全生产管理机构报告；对违章指挥、违章操作和违反劳动纪律的，应当立即制止。

第二十三条 施工单位应当在施工组织设计中编制安全技术措施和施工现场临时用电方案，对下列危险性较大的工程应当编制专项施工方案，并附安全验算结果，经施工单位技术负责人、监理工程师审查同意签字后实施，由专职安全生产管理人员进行现场监督：

①不良地质条件下有潜在危险性的土方、石方开挖。

②滑坡和高边坡处理。

③桩基础、挡墙基础、深水基础及围堰工程。

④桥梁工程中的梁、拱、柱等构件施工等。

⑤隧道工程中的不良地质隧道、高瓦斯隧道、水底海底隧道等。

⑥水上工程中的打桩船作业、施工船作业、外海孤岛作业、边通航边施工作业等。

⑦水下工程中的水下焊接、混凝土浇筑、爆破工程等。

⑧爆破工程。

⑨大型临时工程中的大型支架、模板、便桥的架设与拆除；桥梁、码头的加固与拆除。

⑩其他危险性较大的工程。

必要时，施工单位对前款所列工程的专项施工方案，还应当组织专家进行论证、审查。

第二十九条 施工单位采购、租赁的安全防护用具、机械设备、施工机具及配件,应当具有生产(制造)许可证、产品合格证,并在进入施工现场前由专职安全管理人员进行查验。

施工现场的安全防护用具、机械设备、施工机具及配件必须由专人管理,定期进行检查、维修和保养,建立相应的资料档案,并按照国家有关规定及时报废。

第三十条 施工单位应当对管理人员和作业人员进行每年不少于两次的安全生产教育培训,其教育培训情况记入个人工作档案。

施工单位在采用新技术、新工艺、新设备、新材料时,应当对作业人员进行相应的安全生产教育培训。

新进人员和作业人员进入新的施工现场或者转入新的岗位前,施工单位应当对其进行安全生产培训考核。

未经安全生产教育培训考核或者培训考核不合格的人员,不得上岗作业。

9.4 公路水运工程施工企业安全生产管理人员考核管理办法(摘录)

第十六条 安全生产三类人员的考核证书有效期满前,应于有效期截止到日前3个月内,提出延期申请。有效期满而未申请延期的考核证书自动失效。

第十八条 在考核证书有效期内,安全生产三类人员应当至少参加一次由省级交通运输主管部门组织的、不低于8个学时的安全生产继续教育。中央企业安全生产三类人员可参加部组织的安全生产继续教育。

第二十条 在考核证书有效期内,安全生产三类人员有下列行为之一的,不予延期,必须重新考核:

①企业主要负责人和企业专职安全员所在企业发生1起及以上重大、特大等级生产安全责任事故或

2起及以上较大生产安全责任事故,且本人负有责任的;项目负责人和施工现场专职安全员承建的工程项目发生过1起及以上一般及以上等级生产安全责任事故,且本人负有责任的;

②本人受到部或者省级交通运输主管部门及安全监管机构行政处罚或通报批评的;

③未参加本企业组织的年度安全教育和交通运输主管部门组织的继续教育的;

④本人或为他人伪造证书或出据虚假证明的。

10

常用材料密度

常用材料密度

名称	密度（kg/m³）	名称	密度（kg/m³）
黏土	1350~1800	铸铁	7250
砂土	1220~1250	钢材	7850
砂子	1400~1700	铝	2700
碎石	1400~1500	石油沥青	1000~1100
石灰石	2640	煤油	800~840
玄武岩	2940	柴油	820~845
生石灰	1100~1200	汽油	640~670
水泥	1250~1600	沥青混凝土	2300
素混凝土	2300~2400	沥青碎石	2200

注：常用材料密度视具体材质、干湿和包装的不同而有所区别。

11

平安卡片

平安卡片

姓　　名：＿＿＿＿＿＿＿＿＿＿

工作单位：＿＿＿＿＿＿＿＿＿＿＿＿

我最喜欢的安全生产警句：＿＿＿＿＿

＿＿＿＿＿＿＿＿＿＿＿＿＿＿＿＿＿

我的安全管理工作座右铭：＿＿＿＿＿

＿＿＿＿＿＿＿＿＿＿＿＿＿＿＿＿＿

家庭联系人及联系电话：＿＿＿＿＿＿

＿＿＿＿＿＿＿＿＿＿＿＿＿＿＿＿＿

图书在版编目（CIP）数据

专职安全员必读/交通运输部工程质量监督局编.--北京：人民交通出版社，2011.6
　ISBN 978-7-114-09164-3

Ⅰ.①专…Ⅱ.①交…Ⅲ.①道路工程－工程施工－安全技术②航道工程－工程施工－安全技术Ⅳ.①U415.12②U615.1

中国版本图书馆CIP数据核字（2011）第100492号

书　　名：	专职安全员必读
著　作　者：	交通运输部工程质量监督局
责任编辑：	尤晓昀
出版发行：	人民交通出版社
地　　址：	（100011）北京市朝阳区安定门外外馆斜街3号
网　　址：	http://www.ccpress.com.cn
销售电话：	（010）59757973
总　经　销：	人民交通出版社发行部
印　　刷：	北京盛通印刷股份有限公司
开　　本：	880×1230　1/64
印　　张：	2.625
字　　数：	68千
版　　次：	2011年6月第1版
印　　次：	2022年7月第7次印刷
书　　号：	ISBN 978-7-114-09164-3
定　　价：	8.00元

（有印刷、装订质量问题的图书由本社负责调换）